Alle Wege führen nach Rom

Die heitere Geschichte einer Pilgerfahrt

Alle Wege führen nach Rom

erzählt von Adalbert Seipolt

illustriert von Polykarp Uehlein

verlegt bei Echter in Würzburg

Den Freunden meiner römischen Studienzeit,
besonders einem

Es fahren mit:

■ an hochwürdigen Herren

Monsignore Schwiefele, ein Würdenträger schwäbischen Gemüts, wie es viele geben sollte.
Harald Schlüter, Kaplan rheinpreußischen Geblüts, wie es manche gibt.
Alois Süß, erst seit einer Woche hochwürdig.

■ an liebenswürdigen Damen

Baronin von Neuhaus, deren Herz für Rom und Habsburg schlägt.
Alwine Raibeisen, Schulrätin, in der rechten Hand mit einem Rotstift bewaffnet, in der linken mit ihrer Tochter *Sulamith*, die mehr durch Wissen als durch Bildung glänzt.
Emerenz Obermair, älteres Mädchen, von großer Begeisterung für Ablässe und gute Tropfen beseelt. *Fräulein Eva*, jüngeres Mädchen, stud. med., entpuppt sich erst im Laufe der Reise.

■ an merkwürdigen Männern

Baron von Neuhaus, wichtigster Vorname Ferdinand, darf seine Frau begleiten.
Adam Birnmoser, der weltliche Organisator der Fahrt und ihr glückliches Opfer.
Luitpold, ein kreuzbraver Mesner aus München und *Simmerl*, Hopfenproduzent aus der Hallertau, zwei wackere Vertreter eines wackeren Stammes.

■ an ehrwürdigen Schwestern

nur eine, und darum gehört ihr unsre volle Sympathie: *Schwester Annaberta Vogelwieser* aus dem Bayrischen Wald.

INHALT

I Vom Vergnügen des Kennenlernens oder warum Frau Schulrätin zur Notbremse griff 9

II Von den Reizen der verschleierten Florentia oder warum Schwester Annaberta nachts ihren Grabstein schaute 33

III Vom ersten Marsch durch Rom oder wie der Schwester erst die Sorge um Fräulein Eva und dann auch der Rasierapparat abgenommen wurde 48

IV Vom lebendigen Brunnen oder warum sie alle am Abend todmüde in die Betten sanken 59

V Von Marmorbüsten und Meeresküsten oder warum Schwester Annaberta ihre Waisenkinder bald bei sich haben wollte und bald wieder nicht 76

VI Vom Katzenfänger von Trastevere oder wie die ehrwürdige Schwester zu einem Kinde kam 99

VII Von der Gnade, die keiner hatte, oder wie Herr Birnmoser seinen guten Vorsatz vergaß 121

VIII Vom letzten Gefecht zwischen Liebe und Gesetz oder warum sie alle sangen: »Großer Gott, wir loben dich!« 134

I Vom Vergnügen des Kennenlernens oder warum Frau Schulrätin zur Notbremse griff

»Das geht ja schlimmer zu als auf dem Schulhof«, murmelte Schwester Annaberta, mit bürgerlichem Namen Vogelwieser, vor sich hin, als sie an der Hand der Ehrwürdigen Mutter Potenzia sich durch das Gewühl am Münchener Hauptbahnhof durchzukämpfen bemühte. Allein hätte sie, ein altes, rundliches und obendrein noch kurzsichtiges Gotteskind, es kaum vermocht, den Bahnsteig ausfindig zu machen, auf dem der Pilgerzug nach Rom sie erwartete. Doch Ehrwürdige Mutter Potenzia zerteilte die Masse der hin- und herflutenden Menschen wie der Bug eines Schlachtschiffes die Wogen des Ozeans und zog die kleine Annaberta gleich einer Schaluppe hinter sich her.

Am Bahnsteig 11 erreichte der Trubel den Siedepunkt. Geistliche Herren flatterten mit wehenden Rockschößen nervös umher, ergraute Ehepaare gaben sich verstohlen den Abschiedskuß, Krethi und Plethi radebrechten Hochdeutsch, besorgte Mütter überhäuften ihre Töchter mit Ratschlägen und Ermahnungen. Ehrwürden Mutter schob, was ihr in die Quere kam, wie Kegel zur Seite, steuerte zielbewußt auf den nächsten Schaffner zu und fragte ihn, wo noch ein Platz für Schwester Annaberta wäre. Im letzten Wagen, war die Antwort. Die beiden Ordensfrauen eilten zum letzten Wagen, denn schon forderte der Lautsprecher die Reisenden auf, in den Pilgerzug einzusteigen und die Türen zu schließen.

Ehrwürden Mutter ließ sich nicht aus der Ruhe bringen. »Keine Aufregung, liebe Annaberta! Eine Pilgerfahrt ist keine Reise zum Oktoberfest. Man muß sie mit Würde und innerer Sammlung beginnen. Sehen Sie, dort ist noch ein freier Platz! Nun, setzen Sie sich einstweilen hin. Ich komme gleich wieder. Ich gebe nur noch der Reiseleitung Bescheid, daß Schwester Annaberta Vogelwieser pünktlich eingetroffen ist.« Sprach's, und schon war ihre Haube im Menschengewühl verschwunden. Noch war Annaberta mit dem Verstauen ihrer Köfferlein und Taschen nicht fertig, als Ehrwürden Mutter schon wieder an der Tür erschien. »Alles in Ordnung«, sagte sie. »Der Monsignore wird bald selber die einzelnen Abteile besuchen und sich um die Pilger kümmern. Ich habe Sie seiner besonderen Obhut empfohlen. Es wird Ihnen also an nichts fehlen. Und nun fahren Sie mit Gott! Es ist zwar ein bißchen ungewöhnlich, daß eine Ordensschwester allein eine so weite Reise unternimmt, doch Sie haben sich das wahrhaftig verdient! Und denken Sie an uns, wenn Sie die heiligen Stätten besuchen! Und schreiben Sie ein Ansichtskärtchen, wo es Ihnen besonders gefällt! Sie wissen ja, wie sehr sich alle darüber freuen! Und machen Sie ein paar tüchtige, verläßliche Reisegefährten ausfindig, damit Ihnen kein Unglück widerfährt! Sie wissen doch: die Kinder dieser Welt sind klüger als die Kinder des Lichts! Und nun Gott befohlen, Schwester Annaberta.«

Die Tür fiel ins Schloß. Der Zug setzte sich keuchend in Bewegung. Schwester Annaberta drückte der Ehrwürdigen Mutter noch einmal stumm durchs geöffnete Fenster die Hand und wußte nicht, ob sie weinen oder lachen sollte. Drum entschied sie sich schließlich für beides.

Die Reiseleitung des Pilgerzuges hatte sich im mittleren Wagen einquartiert. Das offizielle Kommando führte Monsignore Schwiefele, ein stämmiger, untersetzter Herr mit auffallend großen Füßen und einem Kopf, den er vom Riesen Goliath geborgt zu haben schien. Seine Augen funkelten wie der Edelstein in seinem Prälatenring, und seine Haare, schon ergraut, standen recht widerborstig zu Berge, so daß man nur schwer den folgsamen Sohn der Mutter Kirche in ihm vermutete, der er jedoch unzweifelhaft war. Er fuhr nun schon zum hundertdreiundzwanzigsten Male über den Brenner und kannte die Strecke nach Rom ebenso auswendig wie die Psalmen des Breviers.

Was ihn als Pilgerführer unentbehrlich machte, war sein Talent, für jeden Stand, jede Steuerklasse und jedes Temperament den richtigen Ton zu treffen und auf diese Weise im Handumdrehen ein väterliches, brüderliches, söhnliches Verhältnis, wie es sich gerade schickte, zu den einzelnen Pilgerkindern zu gewinnen. Außer natürlich zu solchen eigensinnigen Leuten wie dem forschen Stadtkaplan aus dem Rheinland, der mit seiner Pfarrjugend beiderlei Geschlechts eine nicht zu unterschätzende Minorität der Pilgerschar repräsentierte. Dieser hochwürdige Herr namens Schlüter erklärte dem Monsignore unverblümt, er werde dafür sorgen, daß eine »zeitnahe Atmosphäre« auf der Reise herrsche, aller Kitsch in Wort und Tat vermieden und keine Konzession an seufzende Altweiberfrömmigkeit gestattet werde. Er habe nicht umsonst zwei Jahre am Germanikum studiert und wisse, wie gefährlich die römische Schlamperei deutscher Glaubenszucht werden könne. Ergo erwarte er von der Reiseleitung, daß sie alles tue, um die Pilgerfahrt jugendtümlich und weltoffen zu gestalten. Als der biedere Monsignore dieses (zweifelsohne vorher schriftlich fixierte) Ultimatum zu Beginn der Fahrt an den Kopf geworfen bekam, holte er zunächst einmal tief Luft, putzte sich gelassen die Brille, um diesen merkwürdigen Hochwürden genauer zu betrachten, und sagte dann »Schon gut!« und dachte sich im stillen: »Dich werden wir schon beschäftigen, du Preuß!«

Der Dritte im Kleeblatt der Reiseleitung war Herr Adam Birnmoser. Früher hatte er sich für ein paar Semester in Theologie, später lange Jahre bei der Infanterie mit wechselndem Glück versucht; jetzt verdiente er sich sein täglich Brot damit, Sonderzüge zu organisieren, im Winter nach Oberstdorf, im Karneval nach Köln, zu Ostern nach Spanien, zu Pfingsten nach Rom, im Sommer nach Sylt und im September zum Oktoberfest. Was ihm gestattete, jeden Tag sechs schwere Zigarren zu rauchen und nach jeder zweiten Zigarre einen Rosenkranz zu beten. Denn Herr Birnmoser war, an seinem Vermögen gemessen, geradezu beängstigend fromm, versäumte keinen Ablaß, trug sich in jede Bruderschaft ein und rührte alle Pilger zu Tränen, wenn er am Abend durchs Zugmikrophon das Ave Maria von Gounod sang.

Diesen »Großen Drei«, wie ein Witzbold sie taufte, war die gesamte Pilgerschar, ob Mütterlein, ob Intellektueller, ob Backfisch, ob Familienvater, anvertraut. Sie wachten über Leib und Seele, führten eine kleine Apotheke mit sich und eine Rollwagenbibliothek mit moralisch einwandfreier Unterhaltungslektüre. Sie tüftelten auch den Zeitplan aus, wobei der Laie Birnmoser zwischen den beiden hochwürdigen Herren oft vermitteln mußte. Denn während der Monsignore den Pilgern zwischen den einzelnen Besichtigungen und Veranstaltungen ein kurzes Verschnaufen gönnen wollte und auf einen gewissen Spielraum im Zeitplan bedacht war, wünschte der Kaplan alles auf die Minute genau zu regeln, was den Monsignore wütend machte und zu der Bemerkung reizte, er sei schließlich nicht mit der Stoppuhr zur Welt gekommen.

Der Kaplan lächelte mitleidig, ließ seine schönen Zähne schimmern und meinte, ob Seine Gnaden nicht endlich die Pilgerfahrt offiziell eröffnen wollen, die Lokomotive habe bereits aus dem Gleisgewirr des Ostbahnhofs die Strecke nach Kufstein herausgefunden.

Monsignore wollte etwas entgegnen, doch er schluckte die Galle hinunter, schaltete das Mikrophon ein, bekreuzte sich und sprach mit kräftiger Stimme: »Liebe Pilger! In Gottes Namen beginnen wir unsere Fahrt zur Heiligen Stadt. Möge sie uns recht viele Freude, reichen Segen bringen, und nicht nur uns, sondern auch unseren Lieben daheim, die nicht mitfahren können und die unseren Zug mit ihren Wünschen und Gebeten begleiten. Ich werde jetzt durch die einzelnen Abteile gehen, um jeden von euch kennenzulernen. Und wenn einer etwas auf dem Herzen hat, soll er mir's nur sagen!« Damit war die Reise offiziell eröffnet. »Kommen Sie, lieber Birnmoser, und begleiten Sie mich«, lud der Monsignore den Manager ein und faßte ihn freundschaftlich am Arm, »der hochwürdige Herr Kaplan findet dann Ruhe, sein Brevier zu beten!«

Ihre Visite begannen sie in der ›Schwanzspitze der Pilgerschar‹, wie Birnmoser zu sagen beliebte. Dort hatte inzwischen Schwester Annaberta mit den Kindern der Welt Bekanntschaft geschlossen. Sie war zufrieden, im letzten Wagen zu sitzen. So konnte sie ein Sekündchen länger in Deutschland bleiben, und auf der Heimreise wieder ein Sekündchen länger in Italien. Der Dame gegenüber ging diese Logik freilich nicht ein; sie schimpfte darüber, Schlußlicht zu sein. Da bekomme man die Schönheiten der Landschaft immer als letzte zu sehen und sei außerdem bei Zusammenstößen aufs höchste gefährdet. Wie es ihre Gewohnheit war, nickte Schwester Annaberta beifällig zu allen Äußerungen, um derentwillen es sich nicht zu streiten lohnt, auch wenn sie selbst anderer Meinung war. Die Dame fühlte sich in ihrer Entrüstung bestätigt und stellte sich als Schulrätin Raibeisen vor. Sie fiel auf durch ein tiefgrünes Kleid, eine dicke Hornbrille und ein porzellanweißes Gebiß, das sie bei jedem hellen Vokal präsentierte. Vor allen anderen Bewohnern des Abteils zeichnete sie sich durch makelloses Hochdeutsch und akzentfreie Aussprache der Fremdwörter aus, was ihr in Annabertas Augen den Nimbus von Allwissenheit verlieh. Neben der Schulrätin saß ihre Tochter, ein sicher hochbegabtes und wohl nur diesen Morgen unsäglich dumm dreinschauendes

Mädchen von siebzehn Jahren. Sie hieß Sulamith. ›Welch wunderlicher Name, sicher ein unchristlicher, wildgermanischer Modename wie Karin oder Helga‹, dachte sich Annaberta und zog die abstrusen Namen ihrer Mitschwestern vor, Eustochium, Glyceria oder Afrasia zum Beispiel; die haben doch wenigstens Patrone im Himmel!

Sulamith zur Linken hatte ein älteres Ehepaar Platz genommen. Sie schrieben sich von Neuhaus, waren Barone von Stand, doch offensichtlich verarmt. Sie überragte ihn um einen halben Kopf. Was Wunder, daß er zusammenzuckte, als sie ihn öffentlich tadelte: »Ferdinand, deine Krawatte sitzt schief! So kannst du nicht vor den Heiligen Vater treten!« Nun, bis dahin hatte es noch gute Weile. Noch flogen Zwiebeltürme und grasende Kühe an den Fenstern vorüber, und keine Campanili oder beladene Esel. Noch leuchtete der Himmel nicht pflaumenblau, vielmehr winkte er in den keuschesten Farben, über die er verfügt, in Weiß und Blau, den Pilgern ein herzliches Lebewohl zu.

Machten die Raibeisens und die verarmten Adeligen keinen üblen Eindruck auf Annaberta, so mißfiel ihr das Fräulein am anderen Fenster auf den ersten Blick. Kastanienbraune Haare, purpurrote Lippen und dazu eine spinatgrüne Sonnenbrille – wenn das noch schön sein soll! Am meisten befremdete jedoch ihr Kleid. Annaberta kannte sich in der Mode nicht aus. Vielleicht war es der letzte Schrei, ärmellos und grellgelb einherzuflattern. Die Sittsamkeit hob es bestimmt nicht. »Weltkind, Weltkind«, bedauerte

Annaberta das Fräulein im stillen und gelobte sich, während der Reise ein Augenmerk auf sie zu werfen. Noch war das Fräulein ohne Gesellschaft. Der Platz neben ihr war unbesetzt. Wer mochte da wohl noch zusteigen? Sicher ein junger Herr. Auch die Schulrätin als Hüterin der Sittlichkeit schien sich mit diesem Problem zu befassen. Es durfte ihr, einer pädagogisch durchtrainierten Mutter, nicht gleichgültig sein, was für ein männliches Individuum zwei Tage mit ihrer Tochter im selben Raum beisammen war.

Doch ehe sich das Rätsel in Rosenheim löste, erschienen der Monsignore und Herr Adam Birnmoser, begrüßten jeden einzelnen aufs herzlichste und erkundigten sich nach dem Befinden. Die Schulrätin stellte durch die Hornbrille fest, daß sich Herr Birnmoser vor dem Zitronenfalter am anderen Fenster tiefer als vor ihrer Tochter verneigte, und schwor sich, ihn zur Strafe bei nächster Gelegenheit geflissentlich zu übersehen. Mit höchst ungnädiger Miene nahm sie das weiße Kärtchen und den Briefumschlag in Empfang, den ihr der weltliche Reiseleiter überreichte. »Was soll das?« fragte sie. Herr Birnmoser begann zu erklären. Auf dem Kärtchen stehe aufgedruckt: »Ich fahre in erster Linie nach Rom, um ...« und jeder Pilger solle dann, was ihm das Wichtigste an der Romfahrt sei, in einem infinitivischen Nebensatz zu Papier bringen, den Umschlag sorgfältig verschließen und der Reiseleitung zurückgeben. Niemand solle einen falschen Grund heucheln, jeder vielmehr von der Leber weg seine Meinung äußern. Nur so könne man sich ein Bild über die wahren Absichten und Interessen der Reisenden machen. Durch den verschlossenen Umschlag sei die Anonymität gewährleistet; es brauche also niemand zu befürchten, ausgelacht oder schief angesehen zu werden. Frau Schulrätin hielt dies für Unfug und erklärte ein solches Übergreifen der Fragebogenmethode auf heiligste Dinge für verhängnisvoll. Der Zitronenfalter am anderen Fenster sprach sich um so nachdrücklicher dafür aus, die moderne Praxis der Meinungsforschung auch einmal auf einen Pilgerzug auszudehnen, und erntete dafür von Herrn Birnmoser ein dankbares (zu dankbares!) Lächeln. Monsignore Schwiefele bemerkte dazu, Herr Birnmoser habe diese Praxis bereits auf einer Sonderfahrt zum Oktoberfest ausprobiert und viel Beifall gefunden. Damit empfahlen sich die Herren von der Reiseleitung und zogen sich ins nächste Abteil zurück. Unsere Pilger machten sich nun mit Eifer daran, ihre wahre, innerste Absicht in einem infinitivischen Nebensatz zu fixieren, wurden jedoch bei dieser kopfzerbrechenden Beschäftigung unterbrochen, als in Rosenheim ein junger Herr das Abteil bestieg und seinen Platz neben der jungen verführerischen Dame einnahm. Als er sich den Mantel auszog, entpuppte er sich als junger Geistlicher, als Primiziant sogar. Das sagte er zwar nicht, als er sich mit »Süß« vorstellte; doch eine erfahrene Klosterfrau erkennt das

auf den ersten Blick: dies verschämte Glück in den Augen, die schmalen Wangen unter der glatten Stirn, dies schüchterne Entkleiden, wobei er angesichts so vieler forschender Blicke bis unter die Haarwurzeln errötete, und die makellose Schwärze seines Rockes mußten einem Primizianten zugehören, der noch ganz in der dünnen Luft vom Tabor zu Hause war und nichts von den lastenden Nebeln der Täler seines Berufes wußte. Und nun stellte ihm Satanas gleich eine solche Schlinge, plazierte diese raffinierte Eva neben ihn! Annaberta seufzte und nahm sich vor, auch über diese Seele ihre wachsame Hand zu breiten. Als der Primiziant seine Nachbarin übermäßig freundlich begrüßte, hüstelte die Schulrätin vernehmlich. Primiziant Süß blickte verlegen zu Boden. Über das Gesicht des Zitronenfalters huschte ein spöttisches Lächeln. O abgefeimte Eva!

Hinter Kufstein erschienen zwei Mädchen von der fortschrittlichen Pfarrjugend, sammelten die Umschläge ein und brachten sie zur Reiseleitung. Monsignore Schwiefele und Kaplan Schlüter wollten sich in fieberhafter Neugierde auf die Kärtchen stürzen, doch Herr Birnmoser verwehrte es ihnen. »Es ist mein Amt, das Ergebnis auszuwerten. Ich werde Ihnen die Antworten vorlesen.« Kaplan Schlüter wollte aufbegehren und gegen eine solche Bevormundung des Klerus durch die Laien protestieren, fügte

sich aber doch. Er mußte sich ja seine Spannkraft bis Rom erhalten, wo er dann den Heiligen Vater, womöglich in einer Privataudienz, über die Mißstände in der Kirche, über die Schlafmützigkeit der Ordinariate und seine eigenen bahnbrechenden Ideen aufklären wollte. ›Die paar Tage ducke ich mich noch, dann werde ich euch beweisen, was ich bin‹, dachte er sich und knöpfte sich den Rock bis zum Kragen zu. »Vielleicht können wir die gelungensten Antworten durchs Mikrophon verlesen, um die Pilger ein wenig zu unterhalten?« schlug Monsignore Schwiefele vor. Birnmoser nickte.

Und wozu fuhren nun die Pilger in erster Linie nach Rom? »Um den Heiligen Vater zu sehen!« Natürlich. »Um am Grab des heiligen Petrus zu knien.« »Um den wahrhaft katholischen Atem der Kirche zu spüren.« »Um einen Abstecher nach Ostia zu machen.« »Um die sieben Hauptkirchen zu besuchen.« »Um einmal billig nach dem Süden zu kommen.« (»Das sind mir so die richtigen Spießbürger«, knurrte der Kaplan.) »Um eine Weltstadt bei Nacht kennenzulernen.« (»Sollen wir das auch durch den Lautsprecher verkünden?« fragte Birnmoser. Der Kaplan nickte: »Wir dürfen nicht heucheln.«) »Um daß mich der Heilige Vater segnet und ich nachher einen schönen Aufsatz schreiben tu.« »Um die Katakomben zu sehen und einen Geschäftsfreund zu besuchen.« »Um die Liturgie der Benediktiner auf dem Aventin zu erleben.« (»Könnte von der Schulrätin sein!«) »Um meinen Glauben zu festigen, im Mittelmeer zu baden und den Apoll vom Belvedere und die Venus von Lido von Angesicht zu sehen.« (»Nicht vorlesen!« mahnte der Monsignore. »Warum nicht! Das ist zeitnah gedacht!« gab der Kaplan zurück. »Meinetwegen«, seufzte Schwiefele. Ihn reute es, dem Experiment zugestimmt zu haben.) »Um das Grab meines Sohnes in Pomezia zu besuchen.« Birnmoser schaltete eine Pause der Rührung ein. »Um dem Heiligen Vater reinen Wein einzuschenken.« (›Kann nur der Kaplan geschrieben haben‹, dachte sich der Monsignore.) »Um klassische Luft zu atmen.« »Um die Kirche liebenzulernen.« (»Dann bleib lieber daheim!« brummte der Kaplan.) »Um vatikanische Briefmarken zu kaufen und das Kolosseum zu sehen.« Der Monsignore ruderte beschwörend mit den Armen, man möge doch das Mikrophon abschalten, die Antworten würden immer weltlicher. »Warten Sie, hier ist noch eine sehr fromme: ›Um daß ich für meine Waisenkinder viel Segen mit heimnehmen und mit Gottes Gnade gesund nach Hause kommen tu!‹ Schön, nicht wahr?« »Schlechtes Deutsch«, nörgelte der Kaplan. »Aber gut katholisch«, respondierte der Monsignore und lächelte vor sich hin. Diese Antwort konnte nur von einer stammen, und er wußte, von wem.

Es war zwischen Hall und Innsbruck, als Sulamith ihre Mutter anstieß und flüsterte: »Er sagt schon ›Du‹ zu ihr!«

»Wer zu wem?«

»Der Primiziant zu dem Fräulein. Sie heißt übrigens Eva.«

»Pst, Suli! So etwas sagt man nicht.« Frau Schulrätin legte ihrer Tochter den Finger auf den Mund, wandte sich dann zur Schwester und flüsterte ihr ins Ohr: »Sie sagen schon Du zueinander, der Primizi-ant Süß und diese Eva. Denken Sie, sie heißt wirklich Eva! Sehr bezeichnend, nicht wahr?«

Schwester Annaberta nickte. Was wollte sie sonst tun? Im Herzen freilich war sie recht traurig. Sie hatte sich die Romreise als eine ununterbrochene Kette von Glück und Freude vorgestellt, und nun plumpste sie von einer Sorge in die andere. Eben hatte sie daran gedacht, ob Schwester Glyceria den Grießbrei für die Waisenkinder auch nicht zu süß zubereiten würde, und jetzt plagte sie die Sorge um das Seelenheil eines jungen Priesters. Die Schulrä-tin hätte offenbar recht gern ein hämisches Geflü-ster über ›ihn‹ und ›sie‹ begonnen, doch Annaberta zeigte wenig Lust hierzu. Sie schloß die Augenli-der und betete erst für die Waisenkinder, dann für den Primizianten und schließlich auch noch für die Eva.

Der Zug donnerte zum Brenner hinauf. Die dem Tiefland entstammende Pfarrjugend beiderlei Ge-schlechts riß die Fenster auf, ließ den Zugwind durch die Haare flattern und schrie angesichts der Tiroler Bergriesen aus vollem Halse: »Zu Mantua in Banden der treue Hofer war.« Als der Kaplan davon hörte, war er entsetzt. Im Sturmschritt durchraste er die Wagen, trat dabei einer betagten Dame auf die Zehen, so daß sie gottserbärmlich aufquiekte, erreichte endlich die luftigen Abteile seiner Schäf-chen und herrschte sie an: »Was fällt euch ein, bei offenem Fenster zu krähen! Wollt ihr eure Stimmen

ruinieren? Mit heiseren Leuten singe ich nicht vor dem Heiligen Vater.« Das Argument wirkte. Der Andreas Hofer wurde wieder zu Grabe getragen. Seine Landschaft aber wurde immer schöner.

Das fand auch Schwester Annaberta. Noch niemals hatte sie solche Berge gesehen. Manchmal meinte sie, die wilden Gipfel stürzten auf den Zug nieder, so jäh schössen sie neben den Schienen empor. »Auf die Dauer hätte ich Angst, hier zu wohnen«, bemerkte sie zu Frau Raibeisen. »Bei uns daheim sind die Berge noch Kinder, mit runden Buckeln und nur so hoch, daß sich niemand den Hals zu verrenken braucht, um sie zu überschauen.«

»Danken Sie Gott, daß Sie in bergiger Gegend wohnen dürfen«, nahm die Schulrätin das Wort. »Mich hat es leider ins platte Land verschlagen. Keine Sehenswürdigkeit, kein Museum, keine landschaftlichen Reize weit und breit. Und die Jugend ist so dumm wie das Land platt ist! Stellen Sie sich vor, in einer Stadt von nahezu zwanzigtausend Einwohnern finde ich keine Seele, die ich meiner Tochter als Bekanntschaft empfehlen könnte. Unglaublich parterres Publikum, sage ich Ihnen. Und keinerlei liturgischen Sensus! Nicht einmal der Geistliche Rat will mir glauben, daß seine Seelsorgsmethoden veraltet sind. Kürzlich hat er dem Neffen meiner Schwägerin beim Ministrieren eine Ohrfeige verpaßt. Nicht wahr, Suli?« Die Tochter nickte. »Und die Kinder sind garstig! Es ist zum Heulen. Danken Sie Gott, liebe Schwester, daß Sie mit Kindern nichts zu tun haben. Sie sind sicher in der Küche beschäftigt?«

»Im Waisenhaus, gnädige Frau.«

»Wie – was? Als Erzieherin etwa?«

»Nein, nein«, wehrte Annaberta eingeschüchtert ab. »Ich hab nur zwanzig bis dreißig Waisenkindern, Buben wie Mädchen, ein bißchen die fehlenden Eltern zu ersetzen.«

»Waisenkinder. Ist das nicht furchtbar unangenehm? Ich meine, wenn man die Eltern kennt, so mag es ja noch angehen. Aber wie oft sind die Eltern unbekannt! Alles mögliche erblich belastete Gesindel kann man sich da auf den Hals laden. Denken Sie nur daran, wieviel Asoziale gerade aus Waisenhäusern stammen! Bitte, Schwester, ich meine natürlich nicht Ihr Waisenhaus! Doch werden auch Sie vermutlich nicht allzuviel Freude erleben.«

»Allzuviel nicht, aber es reicht.«

»Naja, solange die Kinder klein und herzig sind. Doch später? Dankbarkeit kennt dieses Pack doch nicht. Ich sehe das bei meinen Schülerinnen. Dabei kommen die meisten aus guten Häusern. Eine einzige nur unter achtzig hat mir ihre Verlobung mitgeteilt. Von der Hochzeit nachher habe ich erst nach ihrer Scheidung erfahren.«

»Da möchte ich nicht klagen, gnädige Frau. Unsere Kinder sind recht anhänglich. Sie haben mir auch die Fahrt nach Rom bezahlt.« Über diese Bemerkung ärgerte sich die Schulrätin offensichtlich. Hätte ich nur lieber geschwiegen, sagte sich Annaberta und beschloß, in Zukunft die Worte sparsamer und klüger zu setzen, um ja keinen Pilger mehr zu kränken.

»So haben Sie noch niemals eine Enttäuschung mit Ihren Zöglingen erlebt?« forschte die Schulrätin eifersüchtig.

»Kleine Enttäuschungen jeden Tag« bekannte die Schwester.

»Und große, massive? Sie wissen, was ich meine.«

»Auch große.«

Die Schulrätin schien nun wieder einigermaßen getröstet, packte ein dickes Schinkenbrot aus und teilte es mit ihrer Tochter. Als die verarmte Baronin das sah, fingerte sie einen Zwieback aus ihrem Täschchen und stopfte die Hälfte davon ihrem Mann in den Mund: »Zweiunddreißigmal kauen, vergiß das nicht, Ferdinand!«

»Brennero! Brennero!«

»Seltsam, bei uns sagt man Feurio, wenn ein Brand ausbricht«, äußerte Annaberta zur Schulrätin und kam sich zum erstenmal auf dieser Reise gescheit vor.

Sulamith begann zu kichern, die Schulrätin verbarg ihr Gesicht hinter einem Schneuztuch, die Baronin stieß den Baron an und der Primiziant senkte den Kopf. Nur Fräulein Eva fand die Seelenstärke, den entgleisten Zug von Annabertens geographischen Kenntnissen wieder aufzurichten: »Brennero ist der italienische Name für den Brenner, die Grenzstation zwischen Österreich und Italien.«

»Dann sind wir also schon in Italien!« Die Schwester klatschte vor Freude in die Hände. Ob sie schon die Kuppel der Peterskirche sehen könne? Sie preßte ihre Wange an die Fensterscheibe. Doch da gab es nur graugrüne Kasernen und eilfertige Zollbeamte zu entdecken. »Ist es noch sehr weit bis Rom?« erkundigte sich Annaberta bei Sulamith.

»Über 800 Kilometer«, entgegnete das Mädchen herablassend. »Das heißt noch einmal soweit wie von München bis zum Brenner.«

Eine trübe Aussicht für unsere alte Schwester, der vom langen Stillsitzen schon die Beine schmerzten. Sie war gewohnt, den ganzen Tag wie ein Wiesel herumzulaufen. 800 km noch! Na, wenigstens waren es 800 in Italien.

Italien war für Schwester Annaberta das gelobte Land der heiligen Kirche, besprengt mit dem Blute der Apostelfürsten und abertausend Märtyrern, geschmückt mit den prächtigsten Gotteshäusern des Erdballs. Hatte hier nicht jedes Dörflein seinen Heiligen zuwege gebracht? Wurde hier nicht jeder zehnte Priester Bischof, jeder hundertste Kardinal und jeder tausendste Papst? (Bei dem Gedanken, auch Primiziant Süß könnte hierzulande eine Mitra winken, wurde der Schwester doch ein wenig unbehaglich zumute.) Jenes seltsame Wort des Lieblingsjüngers »Gottes Gebote halten ist nicht schwer« – ihr war es immer ein bißchen übertrieben erschienen – war sicher auf die Italiener gemünzt. Sie hatten das Glück, in einem Lande zu leben, wo dank der Gnadenfülle Gottes der Himmel leuchtender blaut, der Weizen goldener reift und der Wein köstlicher gedeiht als in tausend anderen Ländern der Erde. So jedenfalls stellte sich Annaberta das vor. Sie hätte sich kaum gewundert, hätten Heiligenscheine die italienischen Zollbeamten umflossen. Doch statt der Heiligenscheine trugen sie Schnurrbärte. In mühseligem Deutsch ersuchten sie die Passagiere, ihre Koffer zu öffnen. Dann wühlten sie recht ungalant darin herum. In Annabertens Köfferchen entdeckten sie einen elektrischen Rasierapparat, schüttelten den Kopf, besprachen sich in schönklingenden Worten und begannen laut zu lachen. Schwester Annaberta lauschte aufmerksam, verstand natürlich keine Silbe und fragte endlich die Schulrätin, ob sie die Worte der Zollbeamten verstanden habe.

»Si capisce«, erwiderte Frau Schulrätin. »Schließlich zählt Italienisch zu den vier Kultursprachen, die jeder gebildete Mitteleuropäer beherrschen sollte. Stimmt das, Suli?« Sulamith nickte.

»Und darf ich fragen, was haben sie gesagt?«

»Die Schwester hat wohl Haare auf den Zähnen, die sie wegrasieren muß, haben sie gesagt.« Alle schmunzelten.

»So – Haare auf den Zähnen«, lachte Annaberta. »Die habe ich aber auch!« So rollte der letzte Wagen unter fröhlichen Scherzen ins gelobte Land hinein.

Auch Monsignore Schwiefele fand am Brenner sein Selbstvertrauen wieder. Das aufdringliche, neunmalgescheite Gehabe des ›zeitnahen‹ Kaplans hatte ihn mehr verdrossen, als er nach außen hin merken ließ. Noch immer waren zwei Plätze im Abteil der Reiseleitung freigewesen. Aus Furcht, der Kaplan könnte sie mit zweien seiner Anhänger besetzen, hatte der Monsignore zwei alleinstehende Herren eingeladen, ihm Gesellschaft zu leisten. Dies waren ein Hopfenbauer aus der Hallertau und ein zahnloser Mesner aus München. Sie sollten ihm als Leibwächter süddeutscher Gemütlichkeit helfen, sich gegen den Stoppuhr- und Marschtrittkatholizismus nördlicher Breiten zu behaupten. Zunächst saßen der Simmerl und der Luitpold, so hießen die beiden, wie verschüchterte Hennen neben den schwarzen Hähnen, bis der Monsignore eine Prise Schnupftabak anbot und damit die Konversation eröffnete. Die zwei nahmen dankend an. Als er auch dem Kaplan die Freude machen wollte, lehnte dieser ab, er rauche und schnupfe niemals.

»Drum«, sagte der Monsignore und blickte seine Leibwächter an.

»Drum«, echoten die beiden und nickten.

Da fiel es dem Kaplan ein, er müsse sich um seine Pfarrjugend kümmern, und er verschwand. So rollte auch der Wagen der Reiseleitung unter fröhlichem Scherzen ins gelobte Land Italien hinein.

Draußen vor den Fenstern glitten Felswände, Berge, Wälder, saftige Wiesen und freundliche Dörfer vorbei. Der Zug donnerte aus Leibeskräften ins Etschtal hinunter. Auch ihn zog es mit Macht zur heiligen Stadt. Bozen, Trient, Verona – Städte tauchten auf, zeigten sich von ihrer rußigen Seite und machten bald wieder Feldern und Gärten Platz. Das Geplauder in den Wagen schleppte sich immer träger dahin, und als in der Poebene auch die Flimmerwand der Fensterscheiben sich ebener Langeweile verschrieb, versickerte es gänzlich. Monsignore Schwiefele fand, nun sei die Zeit für den Rosenkranz reif, und forderte durch das Mikrophon alle lieben Pilger und Pilgerinnen auf, zur himmlischen Mutter die freudenreichen Geheimnisse des Rosenkranzes zu beten. Das erste Gesetzchen beteten er, Herr Birnmoser, der Simmerl und der Luitpold mit ihren Heldenbässen vor, dann überließen sie die einzelnen Wagen ihrem eigenen Gebetsrhythmus.

Im letzten Abteil schloß sich niemand vom gemeinsamen Beten aus. Frau Schulrätin und ihre Tochter rissen das Vorbeten bald an sich und rezitierten in feinstem Hochdeutsch ein Ave um das andere. Die übrigen Insassen scherten sich weniger um richtige Aussprache und gleichmäßigen Rhythmus. Und wenn sie auch manche Silben verschluckten, um so deutlicher respondierte das Herz.

»Den du, o Jungfrau, vom Heiligen Geist empfangen hast –«

Weit geöffnet lag das Land ringsum und gab sich dem goldenen Lichte hin, das die Sonne zum Abschied noch einmal in verschwenderischer Fülle verströmte. Hochbeladene Erntewagen schaukelten wie Segelschiffe über die reife, grüne Flut. Die Welt tummelte sich im Segen ihres Vaters. Und Mariens blauer Mantel deckte sie zu.

»Den du, o Jungfrau, zu Elisabeth getragen hast –«

›Wie weit mag wohl der Weg von Nazareth nach Judäa sein? Weiter als von München nach Rom? Und damals fuhr noch keine Eisenbahn, und gab es keinen Monsignore und keinen Herrn Birnmoser, der sich um alles kümmerte. Maria und Josef müssen gut zu Fuß gewesen sein‹, dachte Annaberta. ›Ob ich das wohl zuwege brächte? Kaum, kaum. Die gnädige Frau Schulrätin freilich noch weniger. Wenn einer aus unserem Abteil, dann höchstens die sportliche Dame am Fenster – –‹

»Den du, o Jungfrau, zu Bethlehem geboren hast –«

›Halb sieben. Nun wird Schwester Glyceria an meiner Statt die sechsundzwanzig Waisenkinder zum Abendessen zusammenklatschen, wird ihnen die Mäulchen waschen, damit sie unbeschwert von Erdenschmutz ihr »Gelobt sei Jesus Christus!« schmettern und sich dann mit Eifer über die süßen Kirschen und die sauren Tomaten stürzen können. Ob die Kinder mich wohl vermissen werden, so wie ich die Kinder vermisse? Du gütiger Himmel, was wär's doch für eine Freude, zusammen mit den Kin-

dern nach Rom zu fahren! Das geht nun leider nicht. Doch ich habe ja allen versprochen, ein Angedenksel mitzubringen, ein schönes Angedenksel –‹

»Den du, o Jungfrau, im Tempel aufgeopfert hast –«

Der kleine Baron hatte immer leiser mitgebetet, war nun gänzlich eingeschlafen und ruhte mit offenem Munde an der Brust seiner Gemahlin. Die imposante Dame strich ihm liebevoll über die Glatze, als wäre er ihr jüngster Bub, und winkte den anderen, nicht gar so laut zu beten, damit der Herr Baron nicht erwache. »Mein Gott‹, dachte Annaberta, ›Maria hat ihren Sohn aufgeopfert, und er kann nicht einmal das Opfer bringen, wach zu bleiben, bis der Rosenkranz beendet ist. Doch vielleicht ist er wirklich müde, müde vor Hunger – ich werde ihm morgen heimlich eine Wurstsemmel in die Rocktasche schieben –‹

Da, auf einmal – irgendwer muß in der Reiseleitung versehentlich auf den Knopf des Mikrophons gedrückt haben – braust die Stimme des Monsignore durch den Lautsprecher: ›Herz sticht!‹ Und ein

›Kontra!‹ aus dem Munde des Hopfenbauern. Die frommen Pilger schauerten zusammen, die schläfrigen schreckten hoch, Frau Schulrätin wollte die Notbremse ziehen. Die gute Annaberta dachte sich nur: ›In der Reiseleitung sind s' halt mit dem Rosenkranz schon fertig.‹

II Von den Reizen der verschleierten Florentia oder warum Schwester Annaberta nachts ihren Grabstein schaute

Weiß der Kuckuck, was die Florentiner in diesem Jahre des Heils ausgefressen hatten, daß ihr Stadtpatron Sankt Johannes Baptista sich genötigt sah, ihnen an seinem Namenstag alle Wasser des Jordans über Dächer und Häupter zu schütten. Die Florentiner mochten die Buße ja verdient haben – doch unsere braven deutschen Romfahrer wollten nicht begreifen, daß auch sie darunter leiden mußten. Bei wolkenlosem Sternenhimmel waren sie gestern abend in ihr Quartier eingezogen, todmüde von der langen Bahnfahrt, aber voll Hoffnung auf einen schönen Tag. Und nun blickte die Pilgerherde Monsignore Schwiefeles je nach Temperament verschieden schafsgeduldig, lammfromm oder bockswild zum naßgrauen Himmel empor. Alle Regenwolken Italiens gaben sich über der Toskana ein Rendezvous. Florentia, die Blühende, gebärdete sich wie eine stolze Dame von Adel, die sich nur durch einen Schleier bewundern läßt. Beim spartanischen Frühstück pendelte die Stimmung der Pilger noch zwischen Wut und Hoffnung. Schließlich hatte die

Wettervorhersage für die Apenninenhalbinsel Sonnenschein und nur strichweise Regen verheißen. Lange würde also die Misere gar nicht dauern können. Als ein geometrisch Begabter daran erinnerte, daß es sehr lange, ja unendlich lange Striche gebe, brachten ihn böse Blicke zum Verstummen.

So rückte man denn mit geborgten Regenschirmen zur Stadtbesichtigung aus. Die Reiseleitung hatte das Programm sorgfältig ausgewählt. Durch hundert Erfahrungen gewitzigt, schlug der Monsignore einen weiten Haken um die Uffizien und ähnliche Stätten, wo die Zeugen der Antike und Renaissance die Gemüter bayrischer Bäuerinnen und schwäbischer Postschaffner verwirren könnten. Die Überraschung darüber, was an Satyrn und Bacchanten sich alles unter den Fittichen der Kirche tummelte, käme in Rom, wo sie nicht zu umgehen war, noch immer früh genug. In Florenz konnte man getrost darauf verzichten, bot doch die Stadt in ihren Kirchen und Klöstern an Kunst übergenug, mehr als schönheitsdurstige Deutsche an einem Vormittag zu verdauen vermögen. In jeder Kirche bestürmte Annaberta den Himmel, doch ein Einsehen zu zeigen und ihren sonnenhungrigen Landsleuten jenes Quantum an Licht und Wärme zu bescheren, das im Preis der Pilgerfahrt mit inbegriffen war und zu ihrem Gelingen gehörte. Umsonst. Es regnete, als sie nach San Marco gingen; es regnete, als sie aus San Marco kamen; es regnete, als sie vor dem David des Michelangelo standen; es regnete, als der Kaplan Ghibertis Türen erklärte; es regnete vor San Lorenzo und hinter Santa Groce; es regnete auf dem

Ponte Vecchio und bei der Signoria; es regnete vormittags; es regnete nachmittags; der schmutzige Arnofluß schwoll zum fetten gelben Jangtse an. Wen wundert da die miserable Stimmung unserer Pilgerschaft beim Abendtisch? Und als Herr Birnmoser die grollenden Opfer der Florentiner Sünden durch einen Hinweis auf das schöne Wetter im übrigen Italien zu trösten suchte, hätten ihn die Pilger am liebsten mit Blicken erdolcht. Wahrhaftig ließ sich mit dem Fernglas schon seit Stunden im Westen die Grenze der Wolkendecke erkennen. Doch da die Wolken von Süden nach Norden zogen, half das wenig. Überhaupt setzte nun die Opposition zum Generalangriff an. Die Meckerer witterten Morgenluft, bemängelten dies, bekrittelten das. War dem einen das Tagespensum zu ausgedehnt, so dem anderen zu kurz bemessen. Die eine Dame klagte über das ölige Essen, einer zweiten war es zu trokken. Sogar die Schulrätin wurde aufsässig und wollte wissen, warum man ihnen die Uffizien vorenthalten habe. Wo speise übrigens der Monsignore? Man sehe ihn gar nicht. Vielleicht bei einem florentinischen Prälaten? Und er habe doch gelobt, Freud und Leid mit seinen Pilgern zu teilen. – Männer, die am Brenner das Lob des Chianti angestimmt hatten, sehnten sich nach dem heimischen Bier und schworen, die nächste Wallfahrt wieder nach Andechs zu machen, weil das billiger und gesünder sei. Sulamith entrüstete sich nachträglich über die frechen Blicke florentinischer Burschen und tröstete sich erst, als ihre Mutter erklärte, gescheite Mädchen fielen in Italien immer auf.

Während so jung und alt, Männlein und Weiblein in Trübsinn schwelgte und sich dem Jammern ergab, trollten sich die dunklen Wolken wie vollgefressene Wölfe in die Apenninen zurück und gönnten der Abendsonne noch eine späte Herrschaft über Florenz. Die Stadt der Musen und der Genien sollte nicht als Stadt der geborgten Regenschirme und beschmutzten Hosen den Pilgern im Gedächtnis bleiben.

Schwester Annaberta bemerkte diesen himmlischen Umschwung zuerst. »Es war also doch nicht umsonst«, murmelte sie halblaut vor sich hin. Ihre Nachbarin, Baronin Neuhaus, glaubte, sie meine das Schimpfen. O Weltkind!

Die Sonnenstrahlen weckten wie ein Zauberstab den Unternehmungsgeist der Pilger. Das offizielle Programm war abgeleistet; jeder konnte auf eigene Faust sein Glück ansteuern. Die Baronin, kurz entschlossen, wie sie es liebte, lud die Schwester zu einem kleinen Bummel ein. Ihrem Mann befahl sie, sich anzuschließen und nicht etwa mit einer der jüngeren Damen auszugehen. Er gehorchte. Florenz funkelte golden. Wie Edelsteine leuchteten die Regentropfen an den Zweigen, wie Silberplatten glänzten die nassen Dächer der Stadt.

»Gehen wir auf den Piazzale Michelangelo. Von dort genießt man den schönsten Blick über die Stadt«, sagte Baronin Neuhaus und marschierte voran. Wahrhaftig, sie hatte recht. Entzückt sah die Schwester auf die Stadt zu ihren Füßen, hinüber zu den Bergen, in den schimmernden Westen. Der verarmte Adelige stellte sich auf die Zehen vor Begeisterung: »Sehen Sie doch, Schwester, genießen Sie es, lassen Sie es sich erhaben durchs Gemüte wehen: diese majestätische Stadt! Kaisern und Königen wagte sie zu trotzen, Weltreichen lieh sie Geld auf Zinsen, Künstler leuchteten wie Sonnenblumen im Garten ihrer Talente! Setzen ihr die vielen stolzen Türme, vorab die Kuppel des Brunelleschi, nicht geradezu heroische Akzente auf? Oh, empfänden Sie wie ich den Genius dieser Stadt, der Wiege der Renaissance, des Mutterschoßes der Neuzeit! Und sehen Sie, dort oben grüßt Fiesole – der Name schon ist Musik! Das ist Kultur, geprägte Landschaft, geformte Kraft, gebändigte Schönheit! Noch die kümmerlichste Zypresse, die verlassenste Gartenmauer verrät Adel!« Der gute Baron hätte wohl noch lange (übrigens zur Freude unserer Schwester)

derart weitergeschwärmt, hätte ihm nicht die Baronin in das Rad seiner Poesie den Knüppel ihrer Prosa geworfen: »Und womit verrätst du deinen Adel? Indem du die falschen Socken anziehst. Die mausgrauen passen nicht zum braunen Jackett! Wie oft ich dir das sagen muß!«

Nun stieg man ziemlich rasch von der Höhe hinab, überquerte den Arno und begab sich in das Herz der Stadt. Ganz Florenz war auf den Beinen, den milden Abend zu genießen. Schwester Annaberta hielt sich treu an den Baron, als wolle sie ihm zu verstehen geben, seine begeisterten Worte seien bei ihr auf nicht so steinigen Acker gefallen wie bei seiner Frau. Wo war übrigens seine Frau?

»Sie bewundert sicher die Schaufenster. Das ist ihre Leidenschaft, seitdem wir kein Geld mehr haben.«

»Oh, ich tue das auch recht gern. Es freut mich jedesmal, soviel zu sehen, was ich nicht brauche. Dann komme ich mir wie ein König vor«, sagte Annaberta.

»Eigentlich müßten wir auf sie warten. Doch da kämen wir nie vom Fleck. Und wir wollen doch ein bißchen die Abendluft genießen, nicht wahr?«

»Ob Ihre Frau auch wieder ins Quartier zurückfindet?«

»Sicherer als wir. Sie kann ein paar Brocken Italienisch.«

»Und wir?«

»Keine Angst, liebe Schwester. Wir suchen den Dom. Von dort aus finde ich heim.« Der Baron sprach nun durchaus zuversichtlich. Das Verschwinden seiner Frau hatte sein Selbstgefühl gefördert. Er war wie ausgewechselt, und so entspann sich zwischen dem seltsamen Paar eine muntere Plauderei, so munter, daß sie gar nicht bemerkten, wie sie in eine dichte Volksmenge gerieten. Erst als sich die Leute zu Reihen formierten und zu singen begannen, stutzte der Baron: »Wohin sind wir geraten?«

»In eine Prozession«, behauptete Annaberta. »Sicher zu Ehren Sankt Johanns, des Stadtpatrons. Sonst gingen nicht so viele mit.«

»Dann bin ich beruhigt. Die Prozession kann nur zum Dom oder nach Santa Croce führen. Von beiden Kirchen aus finde ich heim. Am besten, wir schließen uns an.« Also gliederten sie sich in die Reihe ein. Die Mitmarschierenden blickten ein wenig befremdet auf die beiden Ausländer; zwei Halbwüchsige schnitten Grimassen. Annaberta grüßte freundlich nach allen Seiten und bemühte sich dann um andächtige Stimmung. Ihr war recht wohl zumute. In einer Prozession fühlt sich eine Klosterfrau halt doch heimischer als im gähnenden Touristenhaufen. Und wie eifrig die Leute sangen! Schade, daß sie den Text nicht verstand, es klang sehr begeistert. Und wie viele Männer sich beteiligten! Das hätten die Leute daheim erleben sollen! Hier war eben noch urwüchsiges Christentum, nicht nur alten Weibern reserviert. So lang war die Prozession, daß sie vom Allerheiligsten und von den Priestern nichts sehen konnten. Sie schritten am Ende des Zuges und die kantigen Schädel vor ihr versperrten alle Aussicht nach vorn. Der Schritt wurde rascher, das Singen lauter, wilder, fast ein Schreien. Plötzlich kam die Spitze der Prozession zum Stehen. Ein Ruck durchlief die Reihen. Die hinteren drängten jedoch bald nach vorn, unterbrachen ihr Singen und riefen ungestüm: »Avanti, fratelli, avanti!« »Avanti, viva!« stimmte Annaberta begeistert ein und meinte, das bedeute so viel wie »In Ewigkeit. Amen!« Ein Mann zu ihrer Rechten, mit Ruß und öl beschmiert, schlug ihr kräftig auf die Schulter: »Bravo, suora! Avanti! Per un mondo migliore! Avanti!«

Da, gelle Pfiffe, Sirenen heulten auf, alles rannte vorwärts, rückwärts, stieß sich ineinander, übereinander, auseinander, schrie, tobte, schwenkte die Hüte, ballte die Fäuste. Der Baron erbleichte.

»Keine Angst, Herr Baron! Das ist nur die südländische Frömmigkeit! Darüber habe ich im Bistumsblatt gelesen. Jetzt wird gleich der Segen kommen!« Doch bevor Annaberta dazu kam, ihr Wissen aus dem Bistumsblatt ausführlicher darzulegen, ertranken ihre Worte im Wutgeheul der Masse; fluchend und tobend sprangen die Menschen zur Seite, flüchteten in die Häuser, und ehe die entsetzte Annaberta sich besinnen konnte, rasten behelmte Polizisten mit langen Schläuchen auf sie zu.

»Wasserwerfer!« kreischte der Baron auf und wollte die Schwester noch auf den rettenden Bürgersteig ziehen. Zu spät. Schon hatte sie der wütende Wasserstrahl der Obrigkeit erfaßt und ließ sie nicht mehr los, bis sie von der Haube bis zu den Sandalen (der Baron von der Glatze bis zu den Knöcheln) in einen triefenden Pudel verwandelt war. Als die hitzigen Hüter der Ordnung erkannten, was für friedfertige Passanten ihnen vor die Schläuche geraten waren, drückten sie ihr Bedauern aus und erboten sich, den Signor und die Suora im Polizeiauto ins Quartier zu fahren. Also schlichen der Signor und die Suora ins Auto. »Ich glaube, wir sind in eine kommunistische Demonstration hineingeraten«, sagte der Baron betrübt.

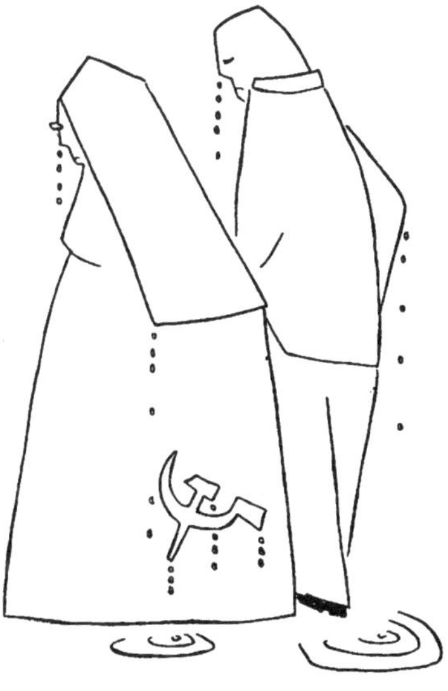

»Ich glaube das auch«, respondierte Annaberta.

»Ich hätte nie gedacht, daß es in Florenz soviel Kommunisten gibt. Die Stadt sieht so christlich aus.«

»So christlich, Herr Baron.«

»Doch jetzt erinnere ich mich: in ganz Italien sind ein Drittel der Bevölkerung Kommunisten.«

»Ein Drittel? Dann kann ja jeden Tag hier die Revolution ausbrechen!«

»Wohl möglich, Schwester. Erst kürzlich hat die Regierung große Waffenlager entdeckt.«

Das Polizeiauto überquerte den Arno.

»In den Fluß könnte ich springen«, jammerte der Baron. »Diese Blamage! Daß wir gar nichts gemerkt haben.«

»Eine rote Fahne hatte ich gesehen. Doch sie glich der Fahne unseres Jungfrauenvereins dermaßen, daß ich keinen Argwohn schöpfte, ich Esel!« sagte Annaberta und schlug sich vor die Stirn.

»Ich Esel!« stimmte der Baron zu. »Sie brauchen sich nur selber Vorwürfe zu machen. Mir aber, liebe Schwester, droht eine Dusche, im Vergleich zu welcher der Wasserwerfer ein zarter Sprühregen ist.«

Der arme Kerl, sann Annaberta. Seine ganze gewählte Redeweise wird ihn vor dem Zorn seiner Gattin nicht retten. Das also sind die Leiden der Ehe!

Die Touristen stauten sich neugierig am Hoteleingang, als ein Polizeiauto vorfuhr und die beiden Demonstranten »ausspie«, wie der Baron es ausdrückte. Es war übrigens sein letztes Wort an diesem Abend; seine Gemahlin packte ihn sofort am nassen Kragen und schleifte ihn unter fürchterlichem Schweigen ins Zimmer.

Um einer Erkältung vorzubeugen – nur nicht krank werden in Rom! –, legte sich Schwester Annaberta unverzüglich ins Bett. Zu ihrem Zimmer gehörte ein Balkon. Dort baumelte ihre Ordenstracht, um in der milden Abendluft zu trocknen. Von der Hotelleitung hatte sie sich ein Bügeleisen erbeten, um in den frühen Morgenstunden der getrockneten Ordenstracht die vorschriftsmäßige Haltung beizubringen.

Die Schulrätin fand es noch viel zu früh zum Schlafen, rückte den Stuhl an der Schwester Bett und informierte sie über ihre neuesten Beobachtungen.

»Wo, glauben Sie, daß die Pfarrjugend steckt? Im Vergnügungspark! Und der Kaplan immer vornweg! Unerhört, nicht wahr? Wenn sie wenigstens Sulamith eingeladen hätten! Das Mädchen hat noch gar nichts von der Reise gehabt. Ich hätte sie natürlich nicht mitgehen lassen. Ich werde jedenfalls bei meiner Rückkehr dem Erzbischof über das zweifelhafte Verhalten des Kaplans Schlüter berichten. Unbedingt werde ich das. Und der Primiziant Süß? Um kein Gran besser, der scheinheilige Patron. Suli hat ihn mit seiner aufgedonnerten Reisenachbarin im Café Trieste entdeckt.«

»In der Gelateria Medici, Mama«, korrigierte die Tochter. »Im Café Trieste saß Herr Birnmoser mit einer Italienerin.«

»Danke sehr, gut, daß du mich daran erinnerst. Also stellen Sie sich das vor, Schwester! Das wollen unsere Führer sein! Es muß in Zukunft für ein pausenloses Programm gesorgt werden, daß dem

Laster kein Atemzug mehr übrigbleibt. Ich habe in der Diözese ziemliche Verbindungen. Meiner Schwägerin Schwester ist die Nichte der Haushälterin des Domherrn Windelband. Ich werde meinen Einfluß geltend machen, daß Pilgerfahrten wirklich Pilgerfahrten werden. Ich wette, kein Zehntel aller Herren und Damen, die heute in Autobussen und Sonderzügen nach Rom fahren, wären im Mittelalter bereit gewesen, zu Fuß nach Rom (oder gar nach Lourdes und Fatima!) zu pilgern. Was meinen Sie, Schwester?«

»Sie meint gar nichts, Mama«, fiel ihr Suli kalt ins Wort. »Sie wird bald schnarchen.«

Frau Schulrätin erhob sich empört. »So, sie schläft? Fromm mag sie sein – Benehmen hat sie keines.« Sprach's und verließ, gefolgt von der Tochter, das Zimmer.

Doch Annaberta blieb nicht allein. Die Engel Fra Angelicos, mit goldenem Haar und funkelnden Gewändern, umstanden ihr Bett, hatten ihre Harfen und Posaunen mitgebracht und bliesen ihr himmlische Weisen ins Ohr. Vielleicht bliesen sie ein wenig zu heftig; denn als die Schwester erwachte, war es noch nicht einmal elf Uhr nachts. Doch sie fühlte sich dermaßen gestärkt, daß sie beschloß, die Ordenstracht, falls sie trocken sein sollte, schon jetzt zu bügeln. Und sie war fast trocken. Annaberta trug sie ins Zimmer zurück, stellte das elektrische Bügeleisen an und ließ die Jalousien herunter; Zaungäste wünschte sie bei ihrem nächtlichen Werke nicht. Einen halben Rosenkranz lang dauerte es, bis das

Eisen heiß genug war. Dann machte sie sich, Kirchenlieder summend, daran, ihrem Rock die nötigen Falten einzubügeln.

Auf einmal zerriß wildes Knattern die Stille der Nacht. Annaberta erschrak. Waren das Maschinengewehre? Und jetzt Detonationen – Bomben, kein Zweifel! Und Schreie aus der Ferne. »Ein Drittel Kommunisten. Jeden Tag kann hier die Revolution ausbrechen« – so hatte sie selber am Abend zu Baron Neuhaus gesagt. Traf ihre Befürchtung ein? Ergriffen die Kommunisten, aufs heftigste gereizt durch die gescheiterte Demonstration, die Macht? War das die Revolution?

Wieder Knattern, Detonationen, Triumphgeschrei – wahrscheinlich flogen die Brücken in die Luft, der schöne Ponte Vecchio! Bald wird der Mob durch die Straßen jagen, werden »Weiber zu Hyänen und treiben mit Entsetzen Scherz« – ach, hatte es Sinn, sich zu verstecken, oder um Hilfe zu schreien? Schwester Annaberta, die sich sonst vor keinem wütenden Hunde, keinem Ortsgruppenleiter und keiner gereizten Wildsau fürchtete, wagte jetzt keinen mutigen Schritt auf den Balkon oder Korridor hinaus, ja, getraute sich nicht einmal, die Jalousien hochzuziehen. Im Haus war es verdächtig still. Merkten denn die Pilger nichts, oder hatten sie sich ängstlich im Keller verkrochen? Oder waren sie abgereist, Hals über Kopf? Das Knattern und der Lärm kamen immer näher. Lange wird es nicht mehr dauern, dann haben die Revolutionäre das Hotel erreicht. Ob sie Ausländer verschonen?

Die Laien vielleicht. Sie selbst, den Monsignore, den Kaplan und den Primizianten schützt die deutsche Staatsangehörigkeit bestimmt nicht vor Kerker oder noch ärgeren Dingen. Und merkwürdig, obwohl ihr von der mitreisenden Geistlichkeit der Kaplan am wenigsten gefallen hatte, vermochte sie sich ihn doch am ehesten als Märtyrer vorzustellen. Der Monsignore gäbe wohl eine weniger heldische Figur ab, zumal, wenn es den Henkern einfallen sollte, ihn auf einen glühenden Rost zu binden wie seinen Namenspatron Laurentius.

Revolution – darum also die trüben Ahnungen vor Antritt der Reise! Und Schwester Felizitas hatte sie deswegen ausgelacht. Ob sie wohl weinen wird, wenn sie von diesem traurigen Ende erfährt? Sicher wird sie weinen. Und die Kinder noch viel mehr.

Schon flackerte roter Feuerschein durch die Jalousien, wurde das Knattern immer ungestümer, das Triumphgeschrei immer wilder. Gleich werden sie da sein, die Schergen des Satans, die gottlosen Moskowiter! Da, es pochte an der Türe, noch einmal, und noch einmal – – –

Schwester Annaberta, mit dem bürgerlichen Namen Vogelwieser, stellte sich kerzengrade auf, entschlossen, sich nicht hinterrücks erdolchen zu lassen, sondern dem Angreifer zunächst einmal mit dem heißen Bügeleisen die Wange zu streicheln und ihr Leben bis zum letzten Seufzer zu verteidigen. »Herein!« rief sie, plötzlich besessen von Mut.

Doch die Tür öffnete sich nur einen schmalen Spalt. Und Sulamiths Stimme flüsterte: »Kommen

Sie heraus auf die Veranda, Schwester! Sie dürfen das auf keinen Fall versäumen: die Florentiner brennen ein Feuerwerk ab, zu Ehren ihres Stadtpatrons, wie Sie noch keines gesehn!«

Schwester Annaberta träumte nur selten. Doch in dieser Nacht erschien ihr der eigene Grabstein, in der Form eines Bügeleisens, und drauf stand die Inschrift:

» Hier ruht Schwester Annaberta,
Jungfrau und Märtyrerin.
Requiescat in pace! «

III Vom ersten Marsch durch Rom oder wie der Schwester erst die Sorge um Fräulein Eva und dann auch noch der Rasierapparat abgenommen wurde

»Roma aeterna, Roma aeterna, Roma aeterna« sangen die Räder, als der Zug durch die Tiberebene donnerte und sich die Pilger an den Fensterscheiben die Nasen plattdrückten, wollte doch jeder als erster die Peterskuppel entdecken. Endlich ertönte das erlösende »Da ist sie! Da ist sie!« Alles sprang auf, nur Schwester Annaberta rührte sich nicht von ihrem Polstersitz. Sie hatte seit Florenz wenig gesprochen. Sie wollte ihre gespannte Erwartung nicht durch billiges Geplauder lockern. Aber nun wird es nur noch wenige Minuten dauern, und sie wird den Boden der Ewigen Stadt betreten. Wie oft hatte sie von diesem Augenblick geträumt, hatte ihn ersehnt – und nun hatte ihr die Dankbarkeit der einstigen Waisenkinder das große Glück verschafft, ausgerechnet ihr, die es doch von allen Schwestern bestimmt am wenigsten verdiente. (So meinte sie.)

Riesige Mietskasernen glitten am Fenster vorbei, dann eine lange Friedhofsmauer. Als sich die Gleise im Galopp vermehrten, bremste der Zug sein Tempo und stand schließlich still: Stazione Termini.

Kein Pilger beugte sich nieder, um den Boden zu küssen. Jeder hatte Mühe genug, seine sieben Sachen beisammenzuhalten und sich mit heilen Knochen durch das Menschenknäuel zu winden. Der Monsignore schwitzte vor Verantwortung. Doch der Schweiß machte sich bezahlt: alle seine Schäfchen fanden sich vollzählig in der Bahnhofshalle ein und nur der Herr Baron von Neuhaus hatte seine Geldbörse eingebüßt. Das war gottlob nur ein geringer Schaden. Über größere Beträge verfügte ohnehin seine Frau. In Omnibussen fuhr man zu den Quartieren. Dort angekommen, sanken die Pilger erschöpft auf die Betten nieder, mit Ausnahme der Jungfer Emerenz Obermair, die als erfahrene Wallfahrerin das Bett zunächst genauestens nach Wanzen durchsuchte. Doch keines dieser anhänglichen Tierlein, die sich von vielen Pilgerstätten genausowenig vertreiben lassen wie die zuckernen Rosenkränze, ließ sich blicken.

Da es nun schon gegen 4 Uhr nachmittags und zudem drückend warm war, hatte die Reiseleitung keine Besichtigungen vorgesehen, sondern allgemeine Ruhe verordnet. Wer Lust hatte, konnte selbstverständlich auf eigene Faust die Stadt durchstreifen. Allerdings warnte der Monsignore davor; denn schon mancher Pilger habe sich in Rom verlaufen und sei auf Nimmerwiedersehen verschwunden.

Ein schrecklicher Gedanke! Doch hielt er Annaberta nicht davon ab, die Gelegenheit zu nützen und ihr Vorhaben auszuführen. Welches Vorhaben denn? Nun, sie fragte Herrn Birnmoser, ob er das Generalat der Väter vom Heiligen Kreuz kenne. Birnmoser kannte es und erbot sich sofort, die Schwester dorthin zu begleiten. Zufällig kam in diesem Augenblick Fräulein Eva vorbei, meinte, ein privater Bummel durch Rom sei ganz nach ihrem Geschmack, und, falls die Herrschaften nichts dagegen hätten, schließe sie sich gerne an. Wie sollte der galante Herr Birnmoser etwas dagegen haben, Fräulein Eva die ersten Eindrücke der Ewigen Stadt zu vermitteln? Schwester Annaberta hätte manches einwenden können; doch sie war zu bescheiden, um ein Veto einzulegen. Also nahmen die beiden Weltkinder die Schwester in die Mitte und zogen los. Die Ehre, in der Mitte zu gehen, war Annaberta nur selten widerfahren. Diesmal jedoch fand sie es vom moralischen Standpunkt aus für vorteilhaft, galt es doch, den biederen Birnmoser vor den Betörungskünsten des Zitronenfalters zu beschützen. Zwar war Birnmoser vermutlich ein kinderreicher Familienvater; doch nach einem Ausspruch ihrer Mitschwester Felizitas schützt Kinderreichtum einen Mann vor Torheiten nicht.

Auf der Straße schwindelte der Schwester beinahe vor lauter Verkehr. Radfahrer klingelten, Bremsen kreischten, Sirenen heulten, Menschen fluchten – und alles das im Herzen der Christenheit! Ohne Hilfe wäre sie niemals über die Straße gelangt. Birnmoser jedoch geleitete sie mit majestätischer Ruhe über die belebtesten Straßen und Plätze, ein Schutzengel hätte das nicht besser vermocht.

»Die mächtige Kirche vor uns ist der Lateran«, erklärte er. »Wir werden sie später genauer kennenlernen. Sie ist dem heiligen Johannes dem Täufer geweiht, dessen Haupt sich unter dem Hochaltar befindet.«

»Das werden Sie schwerlich beweisen können, lieber Herr Birnmoser«, ließ sich die Kastanienbraune vernehmen. »Höchstwahrscheinlich handelt es sich um den Schädel eines geköpften Muselmanen, den seine Landsleute für klingende Münze an naive Kreuzritter verkauften.«

Der Schwester Annaberta stand sekundenlang das Herz still. Diese Frevlerin! Aber so sind die studierten Weiber alle, schamlos und gottlos. Auch Herr Birnmoser schien sich über das aufgeklärte Getue der schönen Begleiterin zu ärgern, jedenfalls getraute er sich nichts über die sogenannte Heilige Stiege zu sagen.

Eine schmale Geschäftsstraße führte zum Kolosseum. Vor den Schaufenstern der Damensalons zeigte sich Fräulein Eva sehr neugierig. Der angeborene Kavalierssinn hielt Herrn Birnmoser zurück, sie stehenzulassen und mit Annaberta allein weiterzugehen. Er konnte es sich jedoch nicht verbeißen, zu bemerken, daß er sich mit solchen Sorgen gottlob nicht zu plagen brauchte. »Sie nicht«, parierte Eva. »Aber Ihre Frau.« »Ich bin unverheiratet«, bekannte er zum Erstaunen seiner Begleiterinnen. »Ich bin zuviel unterwegs, um mich einer Frau widmen zu können.« »Seltsam«, entgegnete Fräulein Eva verschmitzt, »ich bin nie genug unterwegs.«

Gottlob setzte der Eintritt in das weite Oval des Kolosseums dem verfänglichen Dialog ein Ende. Der Gedanke, an der Stätte des Todes Petri und vieler Tausend Märtyrer zu stehen, überwältigte

die Schwester. Sie mußte sich niedersetzen. Inzwischen malte Birnmoser in bewegten Worten ein eindrucksvolles Bild der unzähligen christlichen Blutzeugen, die hier mit den Löwen gekämpft hatten, ausgehöhnt von Kaiser und Pöbel, gestärkt durch himmlische Visionen. Knöcheltief seien die Henker im Blute gewatet, im Blute, das zum Samen der Kirche geworden sei. Birnmoser machte eine Pause, als warte er auf eine kritische Bemerkung der jungen Dame. Doch diesmal schwieg auch sie.

Freilich nicht lange. An der Basilika des Maxentius schwächte sie bereits Birnmosers Behauptungen erheblich ab. Historischen Nachprüfungen halte nur das Martyrium von knapp 300 römischen Märtyrern stand. Das bedeute, auf die Zeit von Nero bis Konstantin verteilt, einen Märtyrer pro Jahr, sagte sie. Nun hätte Birnmoser böse werden müssen, untergrub sie doch seine ganze Autorität. Leider brachte er das nicht mehr übers Herz.

Unweit der kommunistischen Parteizentrale in der Via delle botteghe oscure – der Straße der dunklen Geschäfte – befand sich das gesuchte Generalat.

»Ein prächtiger Renaissancebau«, schwärmte Eva.

›Ein muffiger Kasten‹, dachte sich die Schwester. ›Ohne Garten, Spielplatz und Hühnerhof – wie soll man dort Gott dienen?‹

Bis zu wem sie vordringen wolle, fragte Birnmoser.

»Am besten bis zum Ordensgeneral.«

Das sei nicht leicht. Er wolle sehen, ob es möglich sei. Handle es sich denn wirklich um eine höchst wichtige Sache?

»Um eine höchst wichtige.«

»Dann in Gottes Namen«, sagte Birnmoser und verschwand in der Pfortenstube.

Schwester Annaberta war mit dem Fräulein allein. ›Jetzt könnte ich sie eigentlich auf ihr ungebührliches Benehmen dem Primizianten gegenüber aufmerksam machen‹, sagte sie sich. Schließlich gehört das zur Pflicht einer geistlichen Person!

»Gestatten Sie mir bitte eine Frage, gnädiges Fräulein«, begann sie sehr diplomatisch, »Fräulein – ich weiß leider Ihren Namen nicht.«

»Eva Süß, Studentin der Medizin«, antwortete sie freundlich.

»Süß –?« Annaberta taumelte leicht vor Überraschung. »Dann sind gnädiges Fräulein wohl gar mit dem hochwürdigen Herrn Primizianten verwandt?«

»Wenn Sie das so nennen wollen: ich bin seine Schwester«, sagte Eva und lächelte. »Das haben Sie sich doch hoffentlich gleich gedacht?«

»Nicht gleich«, gestand die Schwester ehrlich.

»Sie wollten mich etwas fragen«, erinnerte Fräulein Süß nach einer gewissen Weile.

»Ach ja – ich wollte fragen, ich wollte fragen – warum Sie an allen Reliquien zweifeln?«

»An allen nicht, aber an vielen. Vielleicht hätte ich nie Anatomie studieren sollen. Das läßt sich nicht mehr rückgängig machen. Und nun muß ich halt meine Skepsis mit mir herumschleppen wie manche unglückliche Seele ihren Aberglauben. Doch dort kehrt unser Kavalier zurück. Nun, klappt es mit dem General?«

»Es klappt!« meldete Birnmoser halb befriedigt, halb verdrossen, hatte er doch dem Pförtner ein saftiges Trinkgeld zuschieben und mit zwei ›Untergenerälen‹ debattieren müssen. »Suora Annaberta, der General erwartet Sie!«

»Der General erwartet mich!« Schwester Annaberta glättete ihren Rock, rückte die Haube gerade und marschierte dann schnurstracks der bronzenen Türe zu, wo ein Bruder in weißem Habit sie empfing.

Die Hauptquartiere der einzelnen Divisionen des Papstes gleichen sich wie ein Armeestab dem andern. Wer eines kennt, findet sich in allen zurecht. Da ist überall ein Labyrinth von langen, düsteren Gängen. Kahle Wände schwitzen Askese aus. Hohe Fenster, blind vom Staub der Jahrhunderte, vergönnen nur kurze Blicke in den Binnenhof, wo ein Springbrunnen gegen den lähmenden Ernst der Umgebung vergebens ankämpft. Über den Türen krümmen sich lateinische Sprüche. Knoblauchgeruch vermählt sich mit Weihrauchduft. Nur einer Gastzelle entwischt ein Wölkchen Tabak und flattert ratlos durch die Dämmerung.

›Was mag hier alles verboten sein!‹ war Annabertens einziger Gedanke während der langen Zeit, die es brauchte, bis sie, vom weißen Bruder wie von einem Schatten geleitet, den Audienzsaal erreichte. Nur umrißhaft vermochten ihre Augen den Raum zu überblicken. Auch hier wehrten violette Vorhänge das Tageslicht ab, verschluckten daumendicke Teppiche jedes unerwünschte Geräusch. Riesenhafte Gemälde von Würdenträgern, die während ihrer Amtszeit alles Lächeln einbüßten, zierten die Wände. Schwester Annaberta hatte die Kirche Gottes bisher für einen zwar umzäunten, doch hellen und sonnigen Garten gehalten – hier sah sie sich niederschmetternd korrigiert. Ihr letzter Rest an Selbstbewußtsein schmolz dahin wie die Kerzen am Fronleichnamsaltar in praller Junisonne. Und da sollte sie mit einem Fürsten der Kirche verhandeln?

Minuten respektvollen Wartens vergingen. Endlich öffnete sich eine Flügeltür und zwei Herren in wallenden weißen Gewändern traten ein. Als sie die unscheinbare Schwester erblickten, zuckte es enttäuscht über ihr Gesicht. Hatte ihnen der Birnmoser vielleicht eine gekrönte Äbtissin oder eine dollarschwere Generaloberin angekündigt?

Der kleine Herr entpuppte sich als Dolmetscher und ersuchte die Bittstellerin, ihr Anliegen vorzutragen, dabei jedoch stets eingedenk zu sein, welch kostbare Minuten sich der hochwürdigste Pater General abringen müsse, stehe er doch unmittelbar vor dem Antritt einer weiten Reise.

Schwester Annaberta knickste untertänigst und fragte, ob dem hochwürdigsten Herrn Pater General ein Pater Toni, pardon Pater Timotheus Stangl bekannt sei.

Selbstverständlich, tönte es, leicht gereizt, zurück; Pater Timotheus befinde sich in Afrika.

»Nicht mehr. Seit zwei Jahren ist er in Cholapur, Indien«, korrigierte Schwester Annaberta.

Der Dolmetscher zog indigniert die Schultern hoch und deutete der Schwester damit an, sie möge sich ja nicht unterfangen, den hochwürdigsten Pater General ein zweites Mal zu verbessern.

»Ja, ganz richtig, Cholapur«, bestätigte dieser inzwischen.

»Pater Timotheus ist mein Schützling. Er hat als erstes meiner Waisenkinder den Weg zum Priestertum gefunden und ist besonders anhänglich geblieben. Darum will ich ihm eine Freude machen. Ob hochwürdigster Pater General dafür sorgen werden, daß Toni, pardon Timotheus das Geschenk bekommt und zweitens auch behalten darf?«

Wenn es nicht zu groß sei, nehme er es gleich mit,

erwiderte der General, er starte in wenigen Stunden zum Flug nach Madras.

Es sei nur ein elektrischer Rasierapparat, beteuerte Annaberta.

Gut denn, der habe in seiner Reisetasche bequem Platz, sagte der General und lächelte. Wünsche sie sonst noch etwas?

»Daß ihn der Toni auch behalten darf. Er leidet unter starkem Bartwuchs. Schon mit 15 Jahren mußte er sich alle vierzehn Tage rasieren. Mein Gott, war das eine Qual für uns beide!«

Der General lächelte abermals, reichte ihr seinen Ring zum Kuß und segnete sie. An der Tür erschien wieder der weiße Bruder. Beschwingt folgte ihm die Schwester. Sie wußte nun, Toni würde in wenigen Tagen ihr Geschenk in Händen halten. Doch plötzlich beschlich sie eine leise Angst: wie, wenn seine Dschungelmission noch nicht ans elektrische Stromnetz angeschlossen ist? Hatte der Dolmetscher vielleicht deshalb so spöttisch gelächelt?

Inzwischen blickte der Ordensgeneral in Gedanken verloren der Nonne nach. »Ein simples Volk, diese Klosterfrauen!« meinte der mißvergnügte Dolmetscher und hoffte, die Gedanken seines Oberen erraten zu haben. Dieser jedoch schüttelte unwirsch das Haupt, preßte seinem Mitbruder mit strenger Miene den Zeigefinger auf die Lippen und versperrte sie.

Gegen Ende ihres Schweigemarsches beflügelte Schwester Annaberta ihre Schritte, einmal vor Freude über die gelungene Audienz, zum andern aus Besorgnis um das Seelenheil der beiden Zurückgelassenen. Doch diese Sorge war umsonst gewesen:

jeder der beiden stand auf einer anderen Straßenseite, Birnmoser studierte die Zeitung, Eva die Auslage eines Hutsalons, dazwischen brauste der Weltstadtverkehr.

»Zerstritten?« fragte Annaberta hoffnungsvoll.

Birnmoser schüttelte traurig den Kopf.

IV Vom lebendigen Brunnen oder warum sie alle am Abend todmüde in die Betten sanken

Für treue Söhne und Töchter der Kirche – und das waren sie ja alle vom Mesner Luitpold bis zum strammen Kohlenpottkaplan – konnte tags drauf das erste Ziel in Rom nur Sankt Peter heißen (oder San Pietro, wie die Schulrätin es aussprach). Der römische Himmel zeigte sich von seiner gnädigsten Seite. Heiter und aufgeräumt kletterten die Pilger in die blauen Autobusse und vergaßen sogar den ungesüßten Kaffee. Nur der Monsignore und der Kaplan gerieten sich wieder einmal in die Tonsur. Beide hielten es unglücklicherweise für sinnvoll, auf diesem letzten Stück der Wallfahrt ein Lied zu singen. Natürlich schlug jeder ein anderes vor. Erklärte der Kaplan »Milde Königin, gedenke« für spätromantischen Kitsch, so der Monsignore »Uns rufet die Stunde« für eine Jugendstilverirrung. Als sich endlich ein Kompromiß anbahnte und beide zusammen »Ein Haus voll Glorie« anstimmten, kurvten die Busse bereits in die Via della Conciliazione ein. »Es lohnt sich nicht mehr«, winkte der Monsignore ab, »ehe wir zum Refrain kommen, sind wir am Petersplatz.«

Die italienischen Chauffeure meinten sicher, für den Maiausflug einer Judenschule angeheuert zu sein, so wild und begeistert gebärdeten sich die als kühl verschrienen Teutonen, als die Fassade der Peterskirche auftauchte, von der Morgensonne hell bestrahlt. Kaum dem Bus entstiegen, stürmte die fortschrittliche Pfarrjugend beiderlei Geschlechts mit wehenden Bannern und fliegenden Röcken über den majestätischen Platz, ohne rechts und links zu blicken, am Obelisken vorbei die Treppe zum Portal empor, diese weite, feierliche Treppe, die doch nur für langsames, andächtiges Schreiten geschaffen ist, für Schwester Annabertens Schreiten zum Beispiel. Pochte ihr Herz auch rascher und rascher, sie bezwang ihre Sehnsucht. Sankt Peter lief ihr nicht mehr davon. Und so wollte sie die Hochstimmung, die sie so nahe dem Ziele ihrer irdischen Wünsche beseelte, auskosten, solange es möglich war. Wer weiß, was nachher kommt!

Was nachher kam, war Enttäuschung. Wenn einer froh gestorben ist und nun in Erwartung aller himmlischen Herrlichkeiten an die Tore des Paradieses klopft und darin statt jubilierender Engelchöre gähnende Pfadfinder, baedekerstudierende Engländerinnen und schwätzende Kleriker vorfindet, der ist kaum mehr enttäuscht, als unsere liebe Schwester es jetzt war. Am Portal hatte sie noch einmal tief Luft geholt, um die erwartete Himmelsschönheit tapfer zu ertragen – und nun fand sie sich statt in einem Gotteshaus in einer Prunkhalle von schwindligen Ausmaßen, sah sich statt von einer Beterschar von einer Art gedämpftem Bahnhofsbetrieb umschlossen: kein Mensch faltete die Hände; entweder streckte man neugierig die Finger in die Luft oder beklopfte den Marmor oder blätterte im Reiseführer. Selbst der Monsignore – (wie andächtig hatte er noch am Morgen das heilige Opfer gefeiert!) – machte keine Kniebeuge (brannte hier überhaupt ein Ewiges Licht?) und fing sofort mit seinem Vortrag über die Größe der Kirche, ihre Bauherren, Künstler usw. an. Danach begann die Pilgerschar mit vielen Ahs und Ohs den Rundmarsch durch die Seitenschiffe und besichtigte die Papstgräber, die höher waren als die Mariensäule in München.

Nur zehn Minuten blieb Annaberta ihrer Reisegesellschaft treu. Dann steuerte sie selbständig auf die Confessio zu. Aber auch dort schwätzten Touristen, diesmal auf französisch. Verzweifelt blickte sie um sich: war hier nirgends ein Fleckchen zum Beten?

Da entdeckte sie über sich die mächtige Kuppel. Ja, wenn sie jetzt dort oben wäre! Dann kröchen die Menschen wie Ameisen auf dem Boden herum und ihr blasiertes Geschwätz hörte sich vielleicht an wie das Rauschen der Seraphim. Dort oben ließe sich beten! Noch waren ihr aber keine Flügel gewachsen, noch war sie ein Erdenkloß, frei nach Adams Vorbild geknetet. So sprach sie also ein zerstreutes Vaterunser am Grabe Petri und trabte dann, untröstlich im Herzen, dem Ausgang zu. Eine geschlagene Stunde lang wollte der Monsignore die Peterskirche erklären. Da hatte sie genügend Zeit, sich draußen ein wenig niederzusetzen. Ihr blieb nur die Hoffnung, sich bei einem zweiten Besuch in der riesigen Kirche ein wenig heimischer zu fühlen.

Als sie aus der Vorhalle trat, strich sie sich verwundert über die Stirn. Mein Gott, war dieser Platz schön! In der weiten Mulde ruhte die Sonne, von Berninis Kolonnaden wie von unbewegten Wächtern umstanden. In tausend Akkorden läutete die tiefblaue Glokke des römischen Himmels darüber. Und wie still es war, alles Plaudern, alles Fragen und Erklären trug der leise Wind davon. Langsam schritt Annaberta die Stufen hinunter und lehnte sich unweit des linken Brunnens an eine Säule. Der warme Stein tat ihrem

Rücken wohl. Sie setzte sich nieder und betrachtete das friedliche Bild. Da lag ein alter Mann, hatte den verbeulten Hut über den Kopf gestülpt und hielt den zweiten Morgenschlaf. Eine junge Frau schaukelte ihr Töchterlein auf dem Schoß und summte ein Lied. Drei Buben, braungebrannte Wuschelköpfe wie die nickenden Heidenkinder am Opferstock daheim, trieben mit Eifer ein Würfelspiel. Zwei Kleriker, mit Schlitzaugen und feuerroten Schärpen, vertieften sich ins Brevier. Über all das glitt ihr Blick gelassen hin, bis der Brunnen ihn fesselte. Dieser herrliche Brunnen! Fluten glitzernden Silbers jagte er gegen den Himmel, unermüdlich, unaufhörlich, reinstes Weiß und sanftes Blau trieben ein höchst lebendiges Spiel miteinander, ehe das Wasser, selig versprühend, in die weiten Schalen niederstürzte, um sich zu neuem Aufbruch zu rüsten. Was der toten Pracht von Sankt Peter nicht gelungen war, diesem Brunnen gelang es: er wurde der kleinen Waisenschwester aus dem Bayrischen Wald zum Sinnbild der Kirche. Stieg nicht auch in ihr der Quell der Gnade unermüdlich, unaufhörlich empor, um schließlich, weißdurchglüht vom Licht, zurückzufluten in die weißen Schalen? Und mögen mißgünstige Winde sie zur Seite beugen, mögen Millionen leuchtender Tropfen auf unfruchtbares Steinpflaster stürzen – der Brunnen geizt mit seiner Gabe nicht, er sprüht und schäumt nur um so stolzer in die Höhe.

›Wenn jetzt meine Waisenkinder um mich wären‹, murmelte die Schwester, fast ein bißchen benommen im Kopf vor soviel Glanz und so feierlichen Gedanken. Und dann betete sie für die Waisenkinder, die jetzt wohl die Kirschbäume plündern werden, für die Reisegesellschaft, die eben vor Canovas formenkühlen Klageengeln stand, für den Faulenzer dort drüben in der Sonne und für die summende Frau, für die Wuschelköpfe und die schlitzäugigen Kleriker mit den roten Schärpen; und sie betete, alle möchten doch in der Kirche den lebendigen Brunnen unter Gottes offenem Himmel erkennen und nicht die tote Pracht aus entschwundener Zeit.

* * *

Zu schnell war die Stunde am Petersplatz vergangen. Als Monsignore Schwiefele die Schwester an den

Kolonnaden wieder entdeckte, schalt er sie ernstlich; niemand dürfe auf eigene Faust handeln in Rom, er wolle keine Zeit verlieren mit der Suche nach verlorenen Schäflein; es gelte, das Programm gewissenhaft einzuhalten. Kaplan Schlüter unterstrich das mit der Bemerkung, man müsse den Italienern zeigen, was deutsche Pünktlichkeit sei. Inzwischen zeigten allerdings die Italiener den Deutschen, was Gelassenheit ist: die Chauffeure hockten noch in der nächsten Espressobar und füllten in Seelenruhe die Totozettel aus.

Endlich war man startbereit. Das geplante Programm rollte reibungslos ab. Hierauf ging's auf den Janiculus. Alles raus aus den Bussen und Panorama genießen! Wieder hinein in die Busse. An der Fontana Paola vorbei brauste man nach Trastevere hinunter. »In diesem Gassengewirr möchte ich mich nicht verlaufen«, sagte Annaberta zur Schulrätin, die neben ihr saß. »Das wäre auch nicht ratsam. Dieses Trastevere war schon im Altertum ein verrufenes Viertel. Die Leute hatten hier immer einen eigenen Moralkodex, ja sogar einen eigenen Dialekt!« Was für sie, die fanatische Sprachreinigungsfrau, sicher ein Kapitalvergehen war. Ehe Annaberta herausgeknobelt hatte, was wohl ein Moralkodex sei, wurde wieder »Alles aussteigen!« kommandiert. Santa Maria in Trastevere! Geblendet vom hellen Tageslicht vermochten die Augen in der finsteren Kirche nur wenig von den schönen Mosaiken zu entdecken. Fünf Minuten später: hinein in die Busse. Santa Cecilia! Heraus aus den Bussen. Birnmoser gab eine knappe Erklärung der Kirche, die gemischte Pfarrjugend stimmte einen Kanon an, zu Ehren der Patronin der Kirchenmusik. Schwester Annaberta betete drei Ave für ihre Mitschwester Cäcilia, wie sie es versprochen hatte. Und wieder hinein in die Busse, über den Tiber hinweg – »Meine Herren, hier pflegte sich die Weltgeschichte die Füße zu waschen!« – an Santa Maria in Cosmedin und dem Mund der Wahrheit vorbei. Links ragen die Ruinen des Palatin – »Die brauchen aber lang zum Wiederaufbau!« – rechts das öde Gelände, der Zirkus Maximus. Durch die prächtige Passeggiata Archeologica geht es zur Stadtmauer des Kaisers Aurelian. Birnmoser deutete auf ein kleines Kirchlein, San Giovanni in Olio, wo der Lieblingsjünger Jesu aus einem Kessel siedenden Öles unversehrt geblieben war. Annaberta warf einen furchtsamen Blick nach der aufgeklärten Eva. Doch diese behielt diesmal ihr Wissen für sich. Und dann begann die Via Appia! Das soll eine Reichsstraße gewesen sein, diese schmale Gasse, eingeschnürt von alten Mauern? Die männliche Jugend war enttäuscht, sie hatte mit einer Art antiker Autobahn gerechnet.

»Katakomben, alles aussteigen!« befahl der Monsignore. Es war gut, daß man das letzte Stückchen Weg zu Fuß pilgern mußte. Schwester Annaberta hatte insgeheim befürchtet, die Motorisierung hätte auch die unterirdischen Gräberstädte schon erfaßt. Ihr gefiel es sehr, daß über den Katakomben schöne Gärten angelegt waren. Das entsprach so recht ihrer Meinung vom Tode.

Birnmoser kaufte nun für jeden Pilger ein kleines Wachsstöckchen, mietete einen Guida, der deutsch sprach, und tauchte dann mit dem Kaplan als Vorhut in den Schoß der Erde hinab. Daß die Schulrätin nicht einmal jetzt ihr Besserwissen für sich behalten konnte! Unglücklicherweise ging sie unmittelbar vor oder hinter Annaberta und hielt es für ihre Pflicht, sie über die Aussprachefehler des Führers und über historische Unrichtigkeiten seiner Rede aufzuklären. Anfangs rang die Schwester vergebens nach frommen Anmutungen, und nur langsam vermochte die Nähe so vieler Heiligengräber den Ärger auf die Schulrätin zu lindern. Fast eine Stunde lang zogen die Pilger durch die dunklen Gänge. So ausgedehnt hatte sich niemand die Katakomben vorgestellt. Als sie nun hörten, daß diese unterirdische Stadt fünf Stockwerke tief in die Erde hineinreiche und nicht nur hier an der Via Appia, sondern an allen Ausfallstraßen sich Katakomben befänden, da erst wurde ihnen klar, was es bedeutet, wenn die Kirche im Verborgenen wirken und damit auf all das verzichten muß, was sie den Sinnen anziehend macht. Und da geschah auf einmal etwas ganz Unprogrammäßiges. Mitten ins ergriffene Schweigen hinein forderte Kaplan Schlüter die Pilger auf, für die verfolgte Kirche unserer Zeit zu beten, die nicht einmal Katakomben habe, in die sie sich flüchten könne, die einem Feinde widerstehen müsse, neben dem sich Nero und Diokletian wie Lehrlinge ausnähmen, weil ihm außer der körperlichen Qual noch das ätzende Gift der Propaganda, die seelische Zermürbung als

Kampfmittel dient. Und so beteten sie alle, fest und klar, in den verfolgten Glaubensbrüdern möge das Licht des Glaubens und der Hoffnung nicht entschwinden, sondern aufleuchten wie die brennenden Wachsstöckchen in den Katakomben.

Das Vaterunser war verklungen. Die gefalteten Hände lösten sich wieder. Da trat Monsignore Schwiefele auf den Kaplan zu, streckte ihm die Rechte hin – mit der Linken wischte er sich verstohlen übers Auge – und sagte: »*Ein* Ziel der Wallfahrt ist also erreicht. Gott vergelt es Ihnen, lieber Konfrater!«

»Amen!« erscholl es in einem Baß, der es mit den fünf Stockwerken der Katakomben an Tiefe wohl aufnahm. Lächelnd wandte sich alles nach dem Sprecher um. Der Hopfenbauer war's gewesen, und nun strich er verlegen seinen Schnurrbart. »Entschuldigens' bitte die Störung!« sagte er dann.

»Aber warum?« entgegnete Birnmoser. »Sie haben nur laut gedacht, was jeder von uns etwas leiser gedacht hat!«

Als man wieder das Tageslicht erreicht hatte, zitierte Sulamith »Die Träne quillt, die Erde hat uns wieder« und heimste dafür von älteren Damen respektvolle Blicke ein. Der Mesner brummte vor sich hin, die Katakomben wären noch schöner, wenn es in ihnen nicht wie in einem Kartoffelkeller röche, und erntete dafür einen mißbilligenden Blick der Schwester Annaberta. Sie wäre am liebsten noch einmal allein hinuntergestiegen, um die fromme Ergriffenheit noch ein wenig länger im Herzen zu behalten. Doch schon hupten die Chauffeure, als zöge man ihnen jede Sekunde vom Gehalt ab. Der Kaplan sah auf die Uhr: »Was wollen diese nervösen Leute? Wir kommen nur eine Minute zu spät!« »Was wollen Sie, Hochwürden? Die Italiener sind ein talentiertes Volk. Sie lernten Pünktlichkeit schneller von uns als uns lieb ist«, bemerkte Fräulein Süß schalkhaft, und zog sich dadurch den Abscheu der ganzen gemischten Pfarrjugend zu.

Zehn Minuten später stürmte unser deutsches Fähnlein durch das vornehme Atrium der Basilika Sankt Paul vor den Mauern. Tief beeindruckt von der ruhigen Schönheit dieser Kirche und ausgerüstet mit Ansichtskarten vom malerischen Kreuzgang der Abtei ging es dann an der Cestiuspyramide vorbei – »Wie gerne hätte ich das Grab von Goethes Sohn besucht!« rief die Schulrätin – auf den Aventin hinauf. Im alten Rom ein Plebejerviertel, ist der Aventin heute ein stilles Villenquartier. Und es wunderte keinen Pilger zu hören, daß hier oben zwei noble Orden – Benediktiner und Dominikaner – thronten. Zuerst warf man einen Blick in das helle Heiligtum von Santa Sabina, dann einen zweiten, sehr intensiven durch das Schlüsselloch der Malteservilla. Was jede Mutter ihren Kindern schärfstens verbietet – hier wird's zum Ereignis! Bis nun jeder die Peterskuppel aus der Kammerzofenperspektive bewundert hatte, rollte eine dicke Wolke, mausgrau wie die Pelzchen der Kanoniker vom Lateran, herbei und entlud sich justament über dem Aventin, und zwar mit solcher Vehemenz, daß dem Monsignore nichts anderes übrigblieb, als seine Schäfchen in der überdachten Hürde des heiligen Benedikt, genannt Sant' Anselmo, ins trockene zu bringen. Der Besuch dieser Kirche war im offiziellen Programm nicht vorgesehen und so wußte nicht einmal Birnmoser viel darüber zu sagen. Der Regen trommelte hier nicht nur aufs Dach, sondern, da dieses offenbar undicht war, auch auf den Mosaikboden der Kirche. Hei, wie das pritzelte und pratzelte, als hockten erzkatholische Barockputten im Gebälk und spuckten, wütend über das nüchterne Kircheninnere, Kieselsteine herunter! Ein Klosterbruder, rot vor Eifer, schaffte Marmeladeneimer herbei, um die Sintflut abzufangen. Derweilen unterzogen sich die Mönche selbst einer Gesangsprobe. Alle hielten dicke Bücher in der Hand und blickten teils aufmerksam, teils grimmig auf einen Mitbruder – offensichtlich der Kantor –, der zwischen Thron und Altar wie ein nektarlüsterner Trauermantel von einer Chorseite zur anderen flatterte und die Söhne des heiligen Benedikt mit beschwörender Geste

ermahnte, *più alto* höher zu singen. Unsere Pilger, durch den Regenguß wie neugeboren, sahen dem hartnäckigen Wettkampf zwischen dem intonierenden Kantor und dem detonierenden Mönchskörper belustigt zu. Endlich glaubte der Kantor gesiegt zu haben (oder gab er auf? einerlei!) und erklärte die Probe für beendet. Die Mönche, über hundert an der Zahl, erhoben sich, verneigten sich tief und verließen in so feierlich-ernster Prozession das Presbyterium, als hätten sie kein Alleluja, sondern das De profundis geübt. Einige jüngere freilich setzten gar nicht die Miene auf, die man einem mehr als tausendjährigen Orden vorschreiben möchte, und grüßten freundlich zur Pilgerschar herüber. Sie taten Annaberta besonders leid, und sie zerbrach sich den Kopf, ob man auf Erden wirklich soviel üben müsse, um beim himmlischen Alleluja nicht danebenzusingen!

Inzwischen waren die Eimer übergelaufen. Der Regen ließ nach. Also marsch in die Busse und weiter! »Wer hat da was von Hunger gesagt? Wir sind Pilger, meine Freunde! Was haben die römischen Märtyrer ausgehalten – und ihr wollt streiken, weil der Magen ein bißchen knurrt? Wo uns doch jetzt ein Genuß allerersten Ranges bevorsteht: das Kolosseum!« Na schön! Den Aventin hinunter, an einem seltsamen Obelisk vorbei, heraus aus den Bussen, hinein ins Kolosseum! Die Mädchen bedauern, es nicht bei Mondschein zu sehen. Die Jungen erklimmen die oberste Galerie und verknipsen Filme, meterweise. Inzwischen beten der Monsignore

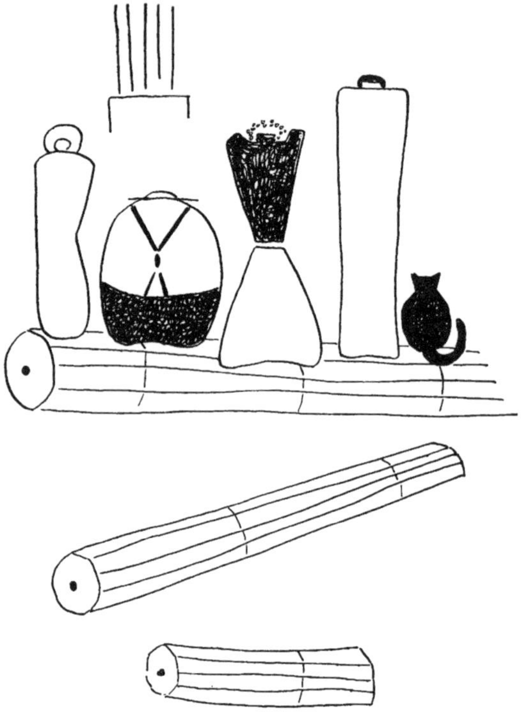

und die älteren Herrschaften drei Vaterunser. Dann verkündet Adam Birnmoser die nächsten Punkte des Pensums: Forum, Palatin, Kapitol.

»Ein bißchen Heidentum nach soviel Kirchen schmeckt wie Mokka nach einem Primizmahl«, äußerte Eva zu ihrem Bruder und ging mit Eifer daran, klassische Luft einzuatmen und ihre hohen Absätze auf historischem Pflaster zu wetzen. Dort erdolchten die Verschwörer den großen Julius! Hier schmiedete Marcus Tullius Cicero sein goldenes Latein! Dort wohnten die vestalischen Jungfrauen, die das heilige Feuer hüten mußten!

»Die bestialischen Jungfrauen?« vergewisserte sich der Mesner. »Das wär das richtige Pensionat für meine Alte gewesen!«

Dort das Grab des Romulus, hier die Säule des Phokas, da der Tempel des Äskulap, der Bogen des Titus – Namen und Zahlen flogen den erschöpften Pilgern wie nasse Putzlappen um die Ohren, was Wunder, wenn sie, auf einer trümmerreichen Höhe angekommen, nicht mehr wußten, ob das nun der Palatin, der Esquilin, der Aventin oder die Zugspitze war. Und mochte sie Birnmoser noch so begeistert hinweisen auf den entschwundenen Glanz des Imperiums, auf die gegenwärtige Schönheit der Kuppeln und Türme – der verarmte Baron wurde deswegen sein leidiges Zittern in den Knien ebensowenig los wie der Hopfenbauer seinen maßlosen Durst; Gähnwellen suchten periodisch die gemischte Pfarrjugend heim; Primiziant Süß stöhnte in einem fort, dieser Tag sei anstrengender als selbst die Primiz, und sogar seine sportliche Schwester war so schlapp, daß sie Birnmosers hilfreichen Arm dankend annahm. Nicht einmal das schauerliche Loch des Mamertinischen Kerkers vermochte die geknickten Blüten der Begeisterung aufzurichten. Selbst der Schulrätin war die Kehle eingetrocknet, sie preßte nur noch schwache Ahs und Ohs heraus, raffte sich jedoch noch einmal zu einer Energieleistung auf, als sie, Ehrenvorsitzende des Tierschutzvereins, Roms abgezehrtes Symbol, die Wölfin, mit lechzender Zunge herumkreisen sah, und schrie empört: »Das ist ein Skandal!«

Ein Skandal war es auch, als den Pilgern nach der Besichtigung zweier weiterer Kirchen endlich in der Abspeisungszentrale der Tisch bereitet wurde und nichts als gehäufte Teller Spaghetti erschienen. Da der Wein erst eine halbe Stunde später geliefert wurde, mußten sich unsere vor Hitze und Bewunderung ausgedörrten Landsleute halt bequemen, die Spaghetti mit letzter Kraft in den Schlund zu stopfen.

Frau Schulrätin rief energisch nach Senf. »Senf zu Spaghetti?« erkundigte sich die Baronin erstaunt. »Ach, wissen Sie«, sagte Suli mit jenem Hauch von Unschuld, der einer höheren Tochter so wohl ansteht, »meine Mutter gibt zu allem ihren Senf dazu!«

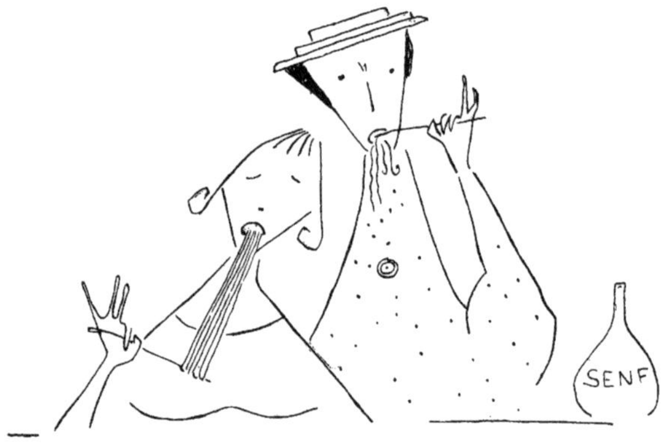

Schwester Annaberta hatte bei all dem Geschiebe und Gedrücke an den Tischen die Brille mitsamt dem Appetit verloren, saß still am Fenster und glaubte, daheim zu sein. Das Klappern der Teller und Löffel war ihr vertraut. Die Stimmen der Esser klangen zu Hause freilich zufriedener als hier in Rom.

»Morgen wird es weniger anstrengend als heute«, verhieß Monsignore Schwiefele zu guter Letzt, sprach ein kurzes Dankgebet und wünschte allerseits eine gesegnete Ruhe. Müde schlichen die Pilger in die Zimmer und ließen sich wie Mehlsäcke auf die Betten plumpsen. Schwester Annaberta öffnete das Fenster, so weit es ging. Angenehm kühl blies der Wind herein, betupfte ihre Wangen wie die dankbaren Küßchen der kleinsten Waisenkinder. Und auf einmal – wir sind doch im Lande der Wunder! – marschierten die Tannen und Fichten des Bayerischen Waldes auf der Via Flaminia heran, besetzten die Milvische Brücke, scharten sich um alle sieben Hügel und verzauberten durch ihr Rauschen das ernste Rom in ein fröhliches Waisenhaus. Papst, Kardinäle, Karabinieri – alle wurden zu rotbackigen Buben in weißen, roten und bunten Kitteln, warfen Tiara, Mitren und Helme wie Gummibälle jauchzend in die Luft, rutschten auf marmornen Säulen umher, spielten in den Katakomben Versteck, zupften die Schwester am Rock und bettelten selig: »Annaberta! Annaberta!«

V Von Marmorbüsten und Meeresküsten oder warum Schwester Annaberta ihre Waisenkinder bald bei sich haben wollte und bald wieder nicht

Schlag sechs Uhr brach der weniger anstrengende Tag an. Im Sportdreß lief der männliche Teil der Pfarrjugend von Tür zu Tür, um die Schläfer wachzuklopfen. Während nun die Baronin ihrem Mann den krummen Rücken mit kaltem Wasser abschrubbte, Sulamith ihrer Mutter erbost erklärte, es sei eine »Sauerei, in der heiligen Stadt zu solch unheiliger Zeit aus dem Bett gejagt zu werden – (»Pfui, Tochter, wo hast du diesen parterren Ausdruck aufgeschnappt?« stöhnte die Schulrätin auf) –, der Monsignore in Hose und Hemd die Laudes betete und der Kaplan sich auf dem Balkon Jogaübungen hingab, saßen der Mesner Luitpold und Schwester Annaberta bereits abmarschfertig in der Eingangshalle.

»Gefällt es Ihnen in Rom?« wandte sich die Schwester an den Luitpold.

»Was sonst? Hab schließlich 100 Mark dafür gezahlt.«

»Und was sagen Sie zu unseren Reisegefährten?«

»Die eine, die Eva, wär' gar nicht zuwider. Aber wenn man schon ins Joch gespannt ist, ach ja –« er holte seine Seufzer wie schwerbeladene Eimer aus dunklen Zisternen nach oben – »und mit was für einem Drachen zusammen, dann –« er seufzte abermals – »dann schaut man lieber gar nicht hin.«

»Das wäre auch Gift für die Seele.«

»So?« Der Mesner blickte ungläubig auf. »Wissen Sie, was Gift für die Seele ist? Wenn dich beim Aufstehen deine Alte schimpft und du nachher in der Sakristei vom Pfarrer angefaucht wirst, weil ein bißchen Kork im Meßwein schwimmt! Oh, wenn ich nicht so geduldig wäre –! Aber gerade das regt meine Alte und den Pfarrer immer so auf.«

»Tragen Sie Ihr Kreuz wie jeder gute Christ«, tröstete die Schwester.

»Was sonst?« Ergeben schlug er die Augen nieder, dann rieb er sich plötzlich schadenfroh die Hände. »Und doch freut's mich, daß sich der Pfarrer übermorgen am Feiertag allein durchwursteln muß! Dem sein Gesicht müßten Sie sehen, wenn er den Schlüssel zum Panzerschrank nicht findet, wo er seinen Festtagskelch verwahrt! Den trag ich nämlich bei mir. Er wird natürlich die Ministranten verdächtigen.«

»Die armen Kerle werden es büßen müssen, Sie grausamer Mensch!«

»Ei was, grausam! Und wenn er wirklich ein paar an die Wand wirft – die Meute wächst schneller nach als uns lieb ist«, entgegnete Luitpold ungerührt, entfaltete ein mächtiges Taschentuch mit aufgedrucktem Stadtpanorama und schneuzte sich mit Behagen genau ins Pantheon hinein.

Inzwischen waren auch die übrigen Pilger im Kampf mit dem Bettzipfel Sieger geworden und erschienen einer um den andern in der Eingangshalle. Bald war die ganze Herde Monsignore Schwiefeles, manches Schäflein schlecht gewaschen, manches Böcklein unrasiert, vollzählig versammelt. Mit großem Wohlgefallen, etwas Blut am Kinn und Seife hinterm Ohr blickte der Monsignore auf die Seinen, klatschte in die Hände, daß es den verschlafenen Portier aus seiner Loge trieb, und verkündete als Programmpunkt Nummer eins: »Gemeinschaftsmesse in Santa Croce di Gerusalemme«.

»Die Scherusalämmer – wat is denn dat nu wieder für een neuer Orden?« ließ sich der intelligenteste Knabe aus dem Rheinland vernehmen. »He, Sie da, Mann aus dem katholischen Bayern, Sie müßten dat doch wissen!« Und er tippte dem Hopfenbauer auf die Schulter. Der drehte sich um, wobei er seinen Kopf wie einen Maßkrug schwenkte, und sagte: »Die Scherusalämmer, das ist der Orden, wo ein Schaf wie du große Aufstiegsmöglichkeiten hat!« und drehte sich wieder zurück.

Die Gemeinschaftsmesse zelebrierte Hochwürden Harald Schlüter. Anschließend besichtigte man die kostbaren Reliquien der Kirche, die, wie es heißt, in der ganzen Welt ihresgleichen nicht haben. Bei dem Wort »Reliquien« flüchtete sich Schwester Annaberta in den Schoß der Pfarrjugend, um sich von der aufklärerischen Eva nicht nochmals um die erforderliche Rührung bringen zu lassen. Doch das half nur wenig. Im saftigen Apfel ihres Glaubens saß nun schon ein Wurm, und sie mußte auf das Messerchen des Beichtvaters warten, um ihn herauszuschneiden.

Am Vormittag wollte man sich auf eine Sehenswürdigkeit beschränken, die freilich Hunderte von Sehenswürdigkeiten in sich barg: das vatikanische Museum. Beim Frühstück erkundigten sich die weniger Gebildeten bei der Schulrätin und ähnlichen Autoritäten, welche Schätze sie jetzt zu sehen bekämen. Klangvolle Namen wie Raffael, Fra Angelico, Belvedere, Sistina, Laokoon mischten sich ins Geklapper der Aluminiumtassen. Selbst Annaberta wurde erhaben zumute. Wie es halt ist: kaum hat eine einfache Seele vom Süßmost der Bildung genippt, wird sie schon berauscht davon.

Vor dem Portal des Museums stauten sich die Menschenmassen. Vertreter aller Klimazonen: Arbeiterjugend aus Belgien, eine steirische Blaskapelle, der Gesangverein Gustav Adolf aus Stockholm, weißgekleidete Japanerinnen, schwarzäugige Marinesoldaten, Vorkämpfer für die Männeremanzipation aus Denver/Kolorado usw. schoben, stießen, pufften, jammerten, fluchten, stöhnten sich durch den engen Eingang. Schwester Annaberta schwamm taktisch klug im Kielwasser der Baronin und schleuste sich auf diese Weise mit heilen Knochen durch die Sperre. Doch seit Hesiod haben die Götter vor den Erfolg den Schweiß gesetzt, und so mußte erst noch eine lange Wendeltreppe bestiegen werden, ehe sich die Schatzkammern der Schönheit öffneten.

»Beisammenbleiben! Alles beisammen bleiben!« rief der Monsignore aus Leibeskräften. Schwester Annaberta hatte auch gar nichts anderes im Sinn. Doch da stand plötzlich, wie aus dem Baum geschnellt, die alte Schlange, Eva Süß mit Namen, neben ihr und flüsterte verführerisch: »Kommen Sie mit mir, liebe Schwester! Entweichen wir dem Trubel! Herr Birnmoser verriet mir, wie wir gehen müssen, wenn wir die Sistina ungestört betrachten wollen. Mein Bruder kommt auch mit. Los!« Und ehe die Schwester etwas einwenden konnte, hatte Eva sie am Ärmel gepackt und in den Landkartengang gezogen, wo der Monsignore sie nicht sehen konnte. Primiziant Alois folgte gehorsam.

Verblüfft unterbrachen die Museumswächter ihre antiklerikalen Witze, als unsre drei Einzelgänger atemlos wie Marathonläufer in der Sixtinischen Kapelle erschienen. »Hier haben wir jetzt eine halbe Stunde Zeit, bis der Touristenhaufen einfällt«, sagte Eva. »Herr Birnmoser – oh, er ist ein Kenner! – riet mir, zuerst die Gemälde an den Seitenwänden zu betrachten und nachher das Deckenbild des Michelangelo.« Schwester Annaberta richtete sich danach, studierte gewissenhaft die Gemälde der älteren Meister und fand eines schöner als das andere. Als ihr Eva sagte: »Und nun blicken Sie in die Höhe!« und Annaberta in die Höhe blickte, mußte sie vor Entzücken in die Hände klatschen. Die Bilder kannte sie! Von Primizbildchen, Postkarten her waren sie ihr wohlvertraut. Nur waren sie hier noch tausendmal schöner. Vor allem jenes, wo Gott Vater Adam mit dem Finger berührt und Adam zum Leben erwacht! Am liebsten hätte sich die Schwester auf dem Boden ausgestreckt, um das Antlitz des Schöpfers, die paradiesische Schönheit des ersten Menschenpaares, den abgründigen Ernst der Propheten und die hinreißenden Gebärden der Sibyllen nach Herzenslust zu betrachten – doch das verboten die Wächter. »Das Jüngste Gericht an der Altarwand sehen wir uns lieber nicht gar zu genau an. Einmal ist es von Übermalern verdorben, und zum andern zerbricht es die Harmonie des Raumes«, sagte Fräulein Süß. Was für ein gescheites Mädchen sie doch war! »Die Kinder der Welt sind halt immer klüger als die Kinder des Lichtes, nicht wahr, Hochwürden?« meinte Annaberta zum Primizianten, der gerade vergaß, sich beim Gähnen die Hand vor den Mund zu halten.

Als dann die schmale Tür den ersten Schwapp verzückt hauchender Schweizer Pensionatstöchter von sich gab, nahmen unsere drei Einzelgänger Reißaus und kämpften sich zu einer zweiten Kapelle durch: der Kapelle Nikolaus' V., wo der Malermönch von Fiesole die Legenden der Diakone Stephanus und Laurentius an die Wand gezaubert hat. Keiner der drei sprach ein Wort. Um so eindringlicher sprachen die leuchtenden Gemälde im dämmrigen Raum. ›Oh, wären nur meine Waisenkinder da!‹ dachte Annaberta, ›diese Bilder verstünden sie auch. Wie schön könnte ich ihnen jetzt die Geschichte vom Erzmartyrer Stephanus erzählen!‹

Bis jetzt war Annaberta mit dem Gezeigten einverstanden gewesen. Doch als sie nun die langen Gänge entlanglief, wo trunkene Satyrn, angeschlagene Grazien, stupsnäsige Philosophen, glatzköpfige Cäsaren und demolierte Götter in nacktem Marmor Spalier standen, reute sie das Eintrittsgeld. Lieber Himmel, in welch einen Dschungel der Unschamhaftigkeit hatte der Monsignore sie geführt. Sollte das wirklich alles dem Heiligen Vater gehören? Kaum zu glauben. Aber vielleicht ist er darüber ebensowenig informiert wie über jene Mißstände, auf die ihn Hochwürden Schlüter aufmerksam machen wird.

Fräulein Süß schien von solchen Skrupeln unbeschwert. »Sind das nicht herrliche Gestalten, liebe Schwester? Betrachten Sie sich nur einmal diesen

Brustkorb des Antinoos, welch klassische Wölbung! Er war der Günstling Kaiser Hadrians. Oder hier, die feinen Gliedmaßen dieses kecken Bacchanten!«

Brustkorb, Günstling, Bacchant – brrr, das roch nach einer Welt, mit der Annaberta durchaus nichts zu schaffen haben wollte. »Ja, freilich ist's schön«, seufzte sie. »Bin aber doch froh, daß meine Waisenkinder daheim bleiben mußten.«

Da wandte sich der Primiziant, dessen Redeversuche heute meistens am Gähnen gescheitert waren, zu ihr und sagte: »Kinder dürfen nur herein, wenn kein Waschtag ist. Morgen haben diese Kaiser und Götter alle wieder saubere Kleider an.«

»Alois, laß den blöden Witz!« rügte ihn Eva und wandte sich liebevoll zu Annaberta: »Ich verstehe Ihre Gefühle. Sicher empfinden Tausende so. Aber sagen Sie ehrlich: ist der menschliche Leib, wie ihn Gott geschaffen hat, nicht schön und edel?«

»Ja freilich«, nickte Annaberta, »wie ihn Gott geschaffen hat! Doch was die Menschen daraus machen, stimmt halt nicht immer mit der Absicht des Schöpfers überein.« Fräulein Eva verstummte, und als sie nachdenklich ein paar Schritte weitergegangen waren, bedauerte sie, daß die Schwester ihr nicht einmal bis zur Schulter reichte; sie hätte so gerne zu ihr aufgeblickt.

Plötzlich stießen sie auf die Schulrätin samt Tochter. Auch sie hatten sich also selbständig gemacht und betrachteten eben intensiv eine Marmorgestalt, an der das fehlte, was in Preußen von einem Soldaten bis zum Rang des Obersten gefordert wur-

de und auch sonst als lebenswichtig gilt: der Kopf. Es war der Torso des Belvedere. Vor ihm stand die Schulrätin. Sie hatte ihre bessere Brille aufgesetzt und begutachtete das berühmte Stück von allen Seiten – fast berührte ihre spitze Nase den Marmor. Dann trat sie zwei Schritte zurück, kreuzte die Hände über dem Bauch und sprach, daß es jeder hören konnte: »Du mußt dein Leben ändern!«

»Schon wieder, Mama?« fragte Sulamith.

Entrüstet schnalzte die Schulrätin mit der Zunge. »Törichtes Mädchen, spürst du denn nicht, daß ich nur zitiere, was Rainer Maria-«

»Ah, der Fürst von Monaco!«

»Törin! Rainer Maria Rilke! vor diesem Torso empfand, und mit Recht empfand!«

Im Belvederehof trafen unsere Ausreißer endlich wieder auf den Monsignore, der eben seinen Zuhörern sachkundig auseinandersetzte, was an der Laokoongruppe falsch ergänzt worden sei. Schwester Annaberta wäre am liebsten unauffällig im Haufen untergetaucht, doch ihre weiße Haube entging der scharfen

Brille Hochwürdens nicht. Höchst ungnädig zog er die Stirn in Falten: »Sie haben Gehorsam gelobt, teure Schwester! Das war nun schon die zweite Eigenmächtigkeit. Bei der dritten muß ich an Ihre Oberin berichten.«

Folgsam wie ein geprügelter Pudel zottelte Annaberta mit der Pilgerschar weiter. Noch einmal gelangte sie in die Kapelle Nikolaus' V., noch einmal in die Sistina. Dort schrie jetzt alles durcheinander wie bei einer Bierpreisdebatte im bayerischen Landtag. Sie hörte auf keine erklärenden Worte, sie strapazierte auch ihre Augen nicht mehr. Stets stand sie ein wenig abseits und murmelte ein Ave ums andere für die angeschlagenen Grazien, die stupsnäsigen Philosophen, für die Kaiser und ihre Günstlinge, deren Leib jeder Matrose begaffen durfte, auf deren arme Seelen jedoch wahrscheinlich sogar der Monsignore vergaß.

* * *

Endlich traten sie auf eine freie Terrasse hinaus und hofften schon, das unerläßliche Bildungspensum für heute erledigt zu haben, da wurden sie noch einmal in einen großen rötlichen Bau, die »PINACOTECA«, hineingetrieben. Diese letzte Hürde vor dem sehnlich erwarteten Mittagessen hätte die gemischte Pfarrjugend am liebsten im Laufschritt genommen. Doch das ging nicht an. Erstens war man in einer Stadt, deren hohes Alter das Arbeitstempo ihrer Bewohner seit je in bescheidenen Grenzen hält; und zweitens gehörte man zum Volk der

Dichter und Denker, ein Titel, der zwar längst nicht mehr stimmt, um so mehr jedoch verpflichtet.

Und so drehten denn unsre lieben Pilger im Quattrocento und Cinquecento die Köpfe wie ein Wendehals, entzückten sich vorübergehend an den Engelsköpfen des Melozzo da Forli, kämpften sich zum Raffaelsaal durch, verweilten pflichtschuldigst vor den berühmten Teppichen, suchten nach würdigen Adjektiven und strebten dann am Seicento und Settecento vorbei der frischen Luft zu. Jetzt durften sie endlich einen Blick in die vatikanischen Gärten werfen und sich nach soviel Marmor und Ölfarbe am satten Grün ergötzen.

Jungfer Emerenz Obermair seufzte: »Ach, wenn der Heilige Vater doch jetzt spazieren ginge, nur ein paar Schritte wenigstens!«

»Da steht aber noch kein Ablaß drauf, Jungfer!« fiel ihr der Mesner, der Betschwestern genauso haßte wie Gerichtsvollzieher, barsch ins Wort. Emerenz erwiderte nichts, zog nur den Mund hoch, daß sich die Haare auf der Oberlippe im Luftstrom der Nase kräuselten, und blickte ihn so verächtlich an, als wolle sie sagen: »Was verstehst denn du von der heiligen Theologie?«

Als der Monsignore seine Schäflein beisammen hatte, fragte er, was ihnen am besten gefallen habe. Der Hopfenbauer Simmerl entschied sich für den Pinienzapfen, Baron von Neuhaus für den Porphyrsarkophag der Helena. Einige rheinische Jünglinge schwankten zwischen der indirekten Beleuchtung in der Kapelle Nikolaus' V. und dem eidechsentötenden Apoll. Die Mädchen strichen sich über die Lippen, als hätten sie Eis gelutscht, und hauchten »Raffael«. Der Primiziant, selbst ausgezehrt wie der Hieronymus des Leonardo, erklärte, ihm hätte am meisten imponiert, welch respektable Dickbäuche die Barockmaler auf die Leinwand gezaubert hätten, wo es doch im siebzehnten Jahrhundert noch keine Gewerkschaftsfunktionäre gab, die ihnen hätten Modell stehen können.

Bis zum Pranzone war noch eine Stunde Zeit. Was tun? Fräulein Eva schlug vor, nach den Farben der Maler die Farben des Schöpfers zu studieren, sich in die Sonne zu setzen und den römischen Himmel zu genießen, fand aber damit bei Leuten, die eine Reise für Schwerarbeit halten, nur wenig Anklang. Um einer endlosen demokratischen Debatte vorzubeugen, beschwor man einstimmig das Gespenst des Klerikalismus und überließ den Geistlichen die Entscheidung. Monsignore Schwiefele und Kaplan Schlüter besprachen sich kurz und entschieden sich für die Kapuzinergruft in der Viale Vittorio Veneto, wahrscheinlich um dem sinnenbetörenden Aufmarsch heidnischer Schönheit ein kräftiges barockes Memento mori entgegenzusetzen.

Bei dem Wort Kapuzinergruft rannen der Baronin und dem Baron verstohlen Tränen über die Wangen ('s war halt eine harmonische Ehe!), denn beide dachten an die Wiener Kapuzinergruft, die letzte Ruhestätte des verehrten Kaiserhauses. Diesmal sollten sie freilich keine Erzherzöge aus Zinn, sondern Franziskussöhne aus Totengebein zu sehen bekommen. Ob es nun viertausend oder gar vierzigtausend Kapuziner waren, deren Schädel nicht friedlich in Staub zerfallen durften, sondern Schulkindern aus der Campagna und irischen Parlamentariern einen frommen Schauer einjagen sollten, verstand Annaberta nicht genau. Die Zahl war auch gar nicht wichtig. Beklommen hielt sie den Atem an. Ihr war, als starrten die leeren Augenhöhlen geradewegs auf sie, als schwängen die Skelette – ob das früher Guardiane waren? – die Zuchtruten nur gegen sie. Als sie vernahm, daß man die Knochen auch als Stuck in der Kapelle verwendet hatte, empfand sie das zwar nicht geschmacklos wie Hochwürden Harald Schlüter, aber sonderbar genug. Schließlich handelte es sich doch um die Knochen heiliger Männer!

›Wenn wir daheim‹, dachte sie sich, ›darauf angewiesen wären, mit den Gebeinen heiliger Mitschwestern zu stuckieren, dann wäre unsre Kapelle nüchtern wie ein Wartesaal!‹

Da geschah ein peinlicher Mißgriff.

Am Eingang zu den Grotten saß ein blutjunger, leichtbeflaumter Kapuziner, zart wie Spinat im Frühling, und nahm unter unablässigem Graziemurmeln die Almosen in Empfang. Bisher hatte er teilnahmslos über die Pilgerschar hinweggeblickt, plötzlich aber sprang er auf, schrie »Halt! Halt« und stürmte mit langen Schritten zur letzten Grotte, wo Emerenz Obermair – sie fällt uns heute oft auf! – gerade daran war, ein kleines Kapuzinerschlüsselbein in ihre riesige Devotionalientasche zu schmuggeln. »Halt, halt!« rief er noch einmal und faßte sie so kunstgerecht am Kra-

gen, als hätte er sein Noviziat bei Scotland Yard verbracht. Doch die Emerenz besaß ein wohlgepanzertes Gewissen und erklärte seelenruhig, sie dächte gar nicht an Diebstahl, sondern wolle sich nur ein Andenken an diesen heiligen Ort mitnehmen. Was mache es denn aus, ob ein Schlüsselbein mehr oder weniger hier sei? Sie werde es daheim in Silber rahmen lassen und ihm einen Ehrenplatz im Reliquienschrein verschaffen. Außerdem sei sie gerne bereit, dem Kloster einen Gallenstein des Regensburger Kanzelredners, bei dem sie in Dienst gestanden, als Tauschgabe zu überlassen. Der junge Kapuziner begriff kein Wort und setzte ihrem Trommelfeuer nur stets ein energisches »Zum Guardian! Zum Guardian!« entgegen. So mußte ihm Emerenz schließlich folgen. Ihre Pilgergenossen sahen teils belustigt, teils erbost, auf jeden Fall aber tatenlos diesem Auftritt zu.

Zehn Minuten später erschien Emerenz wieder an der Klosterpforte und schwenkte triumphierend das umkämpfte Schlüsselbein. Sie erzählte, der Guardian habe erst lateinisch in seinen Bart gebrummt, dann italienisch losgepoltert. Als sie ihn durch Gebärden (durch welche wohl?) von ihrem Deutschtum überzeugt hatte, seien seine Augen erglüht und er habe dreimal begeistert den Namen »Adenauer« ausgerufen. Ihm zuliebe habe er ihr das Schlüsselbein geschenkt, sie aber habe ihm aus Dank eine Banknote in die Hand gedrückt, damit er seine Kirche einmal gründlich entstauben lasse. Daraufhin habe er säuerlich geschaut, dann aber genickt und sie mit Segensworten entlassen.

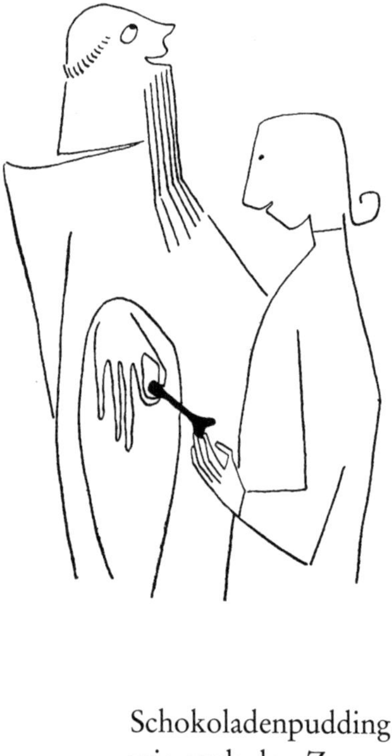

»Na also«, besiegelte der Monsignore den Bericht der Emerenz. Er war froh, daß keine größere Schererei erwachsen war. »Und nun zum Mittagessen.« Es gab Reissuppe, Thunfisch und Schokoladenpudding. Um diese delikate Mischung wie auch den Zeus von Otricoli und die Aldobrandinische Hochzeit geruhsam zu verdauen, kommandierte Birnmoser alle Pilger in die Betten. Die kurze Siesta tat Wunder. Bald nach zwei Uhr kletterten sie frisch und unternehmungslustig in die Autobusse. Das Ziel hieß Nettuno. Vorbei am Weltausstellungsgelände ging es in die Campagna hinaus. Die gemischte Pfarrjugend pfiff »Aus grauer Städte Mauern«, Sulamith las in Goethes Italienischer Reise und Schwester Annaberta ließ sich von der Medizinstudentin die Frischzellentherapie erklären.

Auf einmal erzitterte die Luft von einem Geschrei, daß der Fahrer entsetzt nach dem Bremshebel griff und glaubte, ein Mord sei geschehen. Dabei hatten die Landratten nur das Meer entdeckt. Mit Ausnahme der Schulrätin, die von ihren Englandfahrten her den Ärmelkanal so gut kannte wie ihre Tochter die Etüden von Clementi, streckte und reckte alles die Hälse zum Fenster hinaus, auch die kurzsichtige Schwester Annaberta. Das Meer! Das Meer! Und dann wurden sie auf einmal still und flüsterten nur noch. Dem Kaplan behagte diese Flaute wenig. Er forderte seine Jugend auf, ein Lied vom Meer anzustimmen. Sie wußten keines. »Schleswig-Holstein, meerumschlungen« war nur der allerreifsten Jugend noch bekannt. »Dann irgendein anderes Lied, wo das Wasser eine Rolle spielt!« Wieder überlegten die jungen Leute, und dann begannen auf einmal, sanft begleitet vom Motorengebrumm, ein Klaviertransporteur und eine Friseuse aus dem Kohlenpott in einträchtiger Zweistimmigkeit: »Jetzt gang i ans Brünnele, trink aber net« und sangen so innig schön, daß beim »herztausige Schatz« sogar die hochprozentig intellektuelle Sulamith ihre Mutter um ein Taschentuch anpumpen mußte.

In Nettuno stellte der Monsignore seine Leute nach Geschlechtern getrennt in Dreierreihen auf und führte sie in geordneter Prozession zur Kirche der heiligen Maria Goretti. Nach ein paar selbstformulierten Gebeten hielt er eine Ansprache über das Heilandswort: »Die Leuchte deines Leibes ist dein Auge; ist dein Auge klar, wird auch dein ganzer Leib erleuchtet sein« und forderte besonders die Jugend auf, sich inmitten einer Welt, die aus den Fugen gerät, ein reines Herz und einen hochgemuten Sinn zu bewahren. Nach dem kräftigen Amen, das für alle viel zu früh kam, so sehr hatten sie die schlichten, herzlichen Worte begeistert, nach dem Amen also verkündete der Monsignore noch eine frohe Botschaft: »Morgen vormittag um zehn Uhr werden wir in einer Sonderaudienz mit dem Heiligen Vater selber sprechen!«

Bloß gut, daß sie in der Kirche waren! Die Pilger hätten den guten Monsignore umgerissen vor Freude. Als sie im Freien standen, wollte jeder Einzelheiten wissen. Doch er schwieg und schmunzelte nur.

Und nun waren zwei Stunden Zeit bis zur Heimfahrt. Jeder durfte tun, was ihm behagte: im Meere baden, den amerikanischen Soldatenfriedhof besuchen, durch Nettuno bummeln oder sich im Dolce far niente üben.

Der Pfarrjugend männlicher Teil entschied sich fürs Schwimmen.

»Sie auch, Herr Kaplan?« fragte Monsignore Schwiefele.

»Warum nicht? Die Kirche Gottes braucht nicht nur kluge Köpfe, sondern auch gesunde Körper.«

»Gewiß, gewiß. Und doch würde ich mich nicht in der Badehose dem gläubigen Volke präsentieren.«

»Das ist verständlich, Monsignore«, erwiderte der Kaplan und tippte Schwiefele fast freundschaftlich auf seine Vorderapsis. Alles lachte, der Monsignore am lautesten. »Im übrigen werden wir so weit von der Stadt entfernt ins Wasser gehen, daß uns nicht einmal das Fernrohr der Schulrätin erreichen kann!«

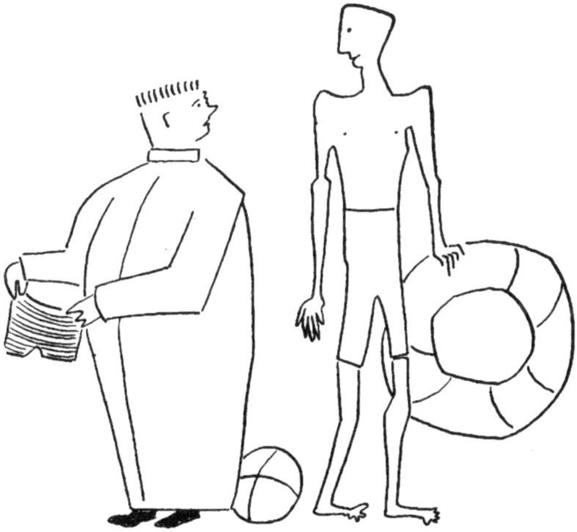

Sprach's und zog los, um sich mit Haifischen abzuraufen und von Seeigeln stechen zu lassen, während sich die Nichtschwimmer im nahen Restaurant erfrischten, nahezu den ganzen Limonadenvorrat aufkauften und die Musikbox in Atem hielten. Emerenz Obermair, Ablaßspezialistin und Nachrichtenbüro ihrer Heimatgemeinde, schrieb an ihre Freundin Kreszenz Schwammwieser, daß es in Nettuno sehr schön sei, sie aber später einmal nicht wie die heilige Jungfrau Maria Goretti als Wachspuppe in einem Glassarg liegen und von jedermann ungeniert angeguckt werden möchte. Die gebildeteren Damen stritten sich, welches Kleid zur Papstaudienz getragen werden müsse. Baron von Neuhaus grübelte beim Anblick des Meeres, warum wir Rom, die männlichste aller Städte, so gerne Mutter nennen. Der Hopfenbauer jammerte, daß es in Nettuno kein Bier gäbe und auch dieses noch so schlecht sei. Der Mesner wiederum regte sich über seine schlampigen römischen Kollegen auf. Auf einem gewissen Altar in einer gewissen Kirche hätte er in die Staubschicht seinen Namen gemalt. Den könne seine Frau sicher noch lesen, wenn sie nächstes Jahr mit der St.-Rita-Bruderschaft nach Rom fahre.

Schwester Annaberta saß nicht im Restaurant. Fräulein Eva hatte sie an den Strand begleitet und ihr auf einen Felsvorsprung hinaufgeholfen. Entzückt schaute sie auf das Meer und konnte sich nicht satt sehen daran. Zu ihren Füßen war es tiefblau wie der Mantel der Madonna. Gegen den Horizont hin leuchtete es mehr und mehr und die Segelboote flogen darüber hin wie Boten himmlischen Segens. Wo sich Meer und Himmel berührten, konnte Annaberta mit ihren schlechten Augen nicht erkennen. Und so schmolzen Meer und Himmel für sie zu einer einzigen strahlendblauen Glocke zusammen, und sie war der Klöppel, und läutete selig den Feiertag der Vatergüte Gottes ein.

Schwester Annaberta schloß die Augen, um all den Glanz und das Glück recht tief in der Schatzkammer ihres Herzens zu versenken. Und nun spürte sie noch gewaltiger den Atem des Meeres, den Rhythmus der Wallfahrt, welche die Schöpfung seit Jahrmillionen unternommen hat. Der Choral der Tannenwälder war ihr wohlvertraut, auch das volle Orchester der Gewitterstürme, der wogende Puls der Getreidefelder, wenn der Wind werbend um die schlanken Halme streicht – und nun durfte sie das Meer erleben, den ältesten Freund Gottes. Noch ehe der Schöpfer rief: »Es werde Licht!«, war es da und sein Geist ruhte auf ihm. Der Schwester Herz flatterte vor lauter Dank wie ein Vöglein, das, aus dem Nest gefallen, sich plagt, einen rettenden Wipfel zu erreichen. »Wären nur meine Waisenkinder hier, wären nur meine Waisenkinder hier – –« flüsterte sie ein ums andre Mal, denn auch einer Nonne, die der Welt Ade gesagt, fällt es schwer, soviel Glück allein zu tragen.

Plötzlich gab sie sich einen Ruck und sagte zu Fräulein Eva: »Schwimmen müßte man können.«

»Dichten müßte man können«, widersprach die Studentin.

»Dichten? Warum?«

»Die Dichtergabe und die freie Zeit eines Landtagspräsidenten dazu! Dann verbräche ich eine Chronik über unsre Fahrt, die sich neben den ernsten und grundgescheiten Rombüchern ausnähme wie der Rosenkavalier zwischen Tristan und Isolde. Das Offizielle, Selbstverständliche an einer solchen Pilgerfahrt dürfte nur kurz hingetupft, das Private und Besondere, das Heitere vor allem, müßte liebevoll ausgemalt werden. Ironisch, irenisch. Mag sein, daß mancher seine Nase darüber rümpft – für alle Christen reicht der Wein von Kana eben nicht. Doch, wenn wir über uns selber nicht mehr lachen können, haben dann unsre Gegner nicht allen Grund, uns zum Weinen zu bringen?« Schwester Annaberta nickte bewundernd; ein gescheites Mädchen war die Eva wirklich.

Die Studentin wies zum Restaurant hinüber: »Schauen Sie nur, was für köstliche Lebewesen in unsrer buntgemischten Pilgerschar mitlaufen! Der Monsignore, dem noch mehr Güte aus der Seele als Schweiß von der Stirne quillt! Schulrätin Raibeisen samt Tochter – haben die nicht das Licht der Welt durch die Brille erblickt, wurden sie nicht mit Kniggebrei aufgepäppelt und mit Schillers Glocke in den Schlaf geläutet? Und dann dieser Herr Birnmoser, über den ich mich freilich recht oft ärgern muß.«

Gottlob heulte in diesem Augenblick eine Schiffssirene auf, sonst hätte Eva in der nächsten Beicht beim achten Gebot allerhand bekennen müssen!

Die zwei freien Stunden waren rasch verstrichen. Über Castel Gandolfo und Marino kehrten die Pilger nach Rom zurück, besuchten noch schnell das Pantheon und beschlossen den Tag mit einer Andacht in Santa Maria Maggiore. Am kommenden Morgen sollten sie vor dem Heiligen Vater stehn! Der Gedanke daran ließ manch nervöses Gemüt kaum schlafen, und Birnmoser mußte einige Liter Wein spendieren, damit alle die nötige Bettschwere bekamen und nicht mit übernächtigen Augen vor den Stellvertreter Christi traten. Bevor wir jedoch unsre Pilger am nächsten Morgen in den Vatikan schicken – den Kaplan mit seiner Denkschrift über die Mißstände in der Kirche, den Baron mit steifer Bügelfalte, die Schwester mit pochendem Herzen, Sulamith aufgetakelt wie eine Miß Universum am sechzigsten Geburtstag – wollen wir noch ein paar neugierige Blicke in den Brief werfen, den die Schulrätin am Abend dieses schönen Tages ihrem Gemahl Cornelius schrieb.

»Geliebter Gatte!« perlte es aus ihrer Feder. »Das also wären meine Grüße aus der Ewigen Stadt. Ich will nicht behaupten, daß sowohl sie als auch die Reise meinen uneingeschränkten Beifall finden, doch dank des Umstandes, daß ich mich eingedenk der Ratschläge Professor Wirrigs vor Antritt der Fahrt aufs intensivste mit der Historie der Roma aeterna befaßt habe, kann ich die bisherigen Ergebnisse als gut bis befriedigend einstufen. Das mitfahrende Publikum entspricht mehr der Preislage als meinen Wünschen, womit aber kein Tadel ausgesprochen, ja auch nur angedeutet sein soll. (War der Gasmann schon da? Das Geld liegt abgezählt in der dritten Schublade links.) Eine gewisse Isolierung muß eine Persönlichkeit unsres Standes und Ranges natürlich auf sich nehmen. Suli entspricht in jeder Hinsicht dem, was ich von Deiner Tochter erwartet habe. Sie hält sich brav an meiner Seite und läßt sich von gewissen freieren

Auffassungen der Méditerranée – ich wähle bewußt das französische Wort – nicht beirren, geschweige denn beeindrucken. Heute waren wir am Meer. Die Jugend dachte nur ans Baden, ich an Debussy. Wie geht es Dir? Sicher wirst Du es mir danken, daß ich Dir rechtzeitig häusliche Arbeiten beigebracht habe. So ersparen wir uns eine Zugehfrau. – Laß mich nun schließen, liebster Gatte, mit einem Wort Goethes aus Rom: ›Was aber das Größte ist, und was ich erst hier fühle: wer sich mit Ernst umsieht und Augen hat zu sehen, *muß* solid werden.‹ Allzeit die Deine! Alwine.«

VI Vom Katzenfänger von Trastevere oder wie die ehrwürdige Schwester zu einem Kinde kam

Ach, schön war's gewesen in der Papstaudienz! Wie sie alle vor ihm niedergekniet waren, vor dem Heiligen Vater der Christenheit, ehrfürchtig seinen Ring geküßt und glückselig den Worten gelauscht hatten, die er jedem in seiner Muttersprache sagte! Zu guter Letzt – wieviel Zeit mochte wohl vergangen sein? – hatte er sie alle mit der langsam eindringlichen Gebärde, die den großen Einsamen zugehört, eingeladen, sich um ihn zu scharen und sich dem Photographen zu stellen; es sollte doch jeder ein Andenken an die langersehnte Stunde haben. Endlich waren sie noch einmal niedergekniet und hatten seinen Segen empfangen. Als Annaberta wieder aufgeschaut hatte, war der Heilige Vater schon in seine Gemächer entschwunden. Ach, es war schön gewesen – bis auf das kleine Mißverständnis, über das sich Schwester Annaberta nun wohl ihren Lebtag lang ärgern wird (freilich nicht allzusehr!). Welches Mißverständnis denn? Nun, der Heilige Vater pflegte über alles, was man ihm in einem Schächtelchen oder in der Tasche zum Segnen darbot, ein Kreuzlein zu zeichnen. Selig vor Verwirrung hatte auch Schwester Annaberta ihre Reisetasche geöffnet, aber das falsche Fach, und so zeichnete der Heilige

Vater mit Andacht und Würde sein Kreuz nicht über Rosenkränze und Medaillons, sondern über ein rosiges Marzipanschweinchen, über Esel, die auf schiefen Ebenen von selber laufen, Püppchen mit rollenden Augen, Äffchen aus Stoff, Stehaufmännchen, einen Wachselefanten mit dem Aufdruck ›Anno Santo‹, Peterskirchen aus Schokolade, zierliche Kardinalshütchen und was sonst an eßbarem oder ungenießbarem Spielzeug die Schwester für ihre Waisenkinder eingekauft hatte. Sie war furchtbar verlegen, weil der Heilige Vater ihren Irrtum nicht einmal merkte. Um so besser hatte es freilich Frau Schulrätin bemerkt und das Mißverständnis natürlich nach der Audienz sofort den anderen Damen weitererzählt, weshalb sich Schwester Annaberta am liebsten in den Marmorboden hineingeschämt hätte. Jedenfalls schlich sie so gebeugten Hauptes aus dem vatikanischen Palast, daß sie ihre Reisegefährten aus den Augen verlor. Nun stand sie mutterseelenallein auf dem Petersplatz und

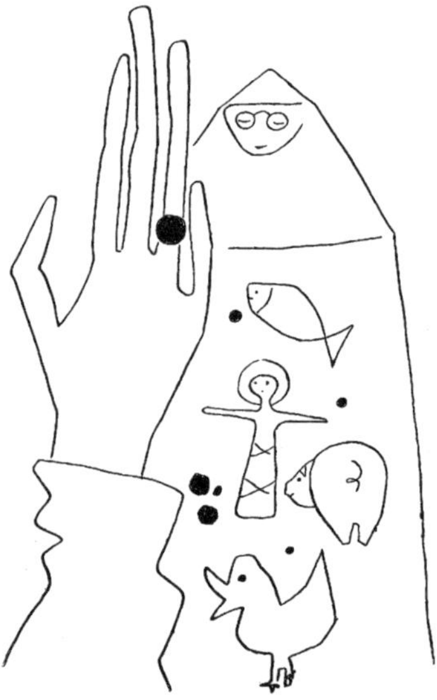

konnte kein Wort Italienisch außer »Santo Padre« und »Mille grazie«.

Waren sie nicht vorhin von links zum Petersplatz gekommen? Schwester Annaberta mußte sich jetzt also rechts halten, wenn sie denselben Weg benutzen wollte. Unversehens geriet sie in einen Schwarm amerikanischer Matronen, die verzückt und gelangweilt ihrem Guida lauschten. ›Die nehmen sicher auch den Weg zum Bahnhof, murmelte Annaberta und beschloß, im Strom der demokratischen Töchter Amerikas mitzuschwimmen. Am Bahnhof wüßte sie sich schon weiterzuhelfen. Aber weh, bereits am nächsten freien Platz bestiegen die Damen einen himmelblauen Omnibus und brausten zur nächsten Sehenswürdigkeit. ›Alle Wege führen nach Rom‹, dachte sich Annaberta. ›Aber welcher führt wohl wieder hinaus?‹ Wenn sie nur jemanden fragen könnte! Es liefen doch sicher Tausende ihrer Landsleute in Rom herum. Doch, so sehr sie ihre Ohren auch anstrengte, aus dem Stimmengewirr ließ sich kein deutscher Laut herausfiltrieren. Jaja, so sind die Deutschen, brauchst du sie nicht, laufen sie dir überall zwischen die Beine, und brauchst du sie einmal, findest du eher einen Australneger als sie! Und die Gassen schoben sich immer enger zusammen, immer stärker roch es nach Knoblauch, verfaulenden Fischen und Abfall. Von Fenster zu Fenster hing Wäsche zum Trocknen, und von mancher Hose patschte der guten Schwester ein fetter Tropfen auf die frischgestärkte Haube. An Sauberkeit haben diese Römer noch manches zu lernen, sagte sie sich. Doch bald sagte sie gar nichts mehr, weil

sie viel zu müde dazu war. Stundenlang irrte sie schon durch die winkligen Gassen, ohne irgendwo die Kuppel der Peterskirche zu erblicken oder an den Tiber zu geraten. Einmal wandte sie sich an einen der schönen Schutzmänner und sagte »Bahnhof«. Der Hüter der Ordnung lächelte bezaubernd und schüttelte den Kopf.

Der Abend brach herein und mit ihm der Hunger. Doch sie trug kein Geld mehr bei sich. Alles hatte sie am Vormittag für Spielzeug ausgegeben; ihre größeren Beträge hatte sie dem Monsignore anvertraut. Der Monsignore – ob er sie vermissen wird? Oder saß er beim Wein, den Herr Birnmoser diesen Abend stiften wollte, und verfügte über keinen Gedanken an die arme Schwester, die sich auf dem Pflaster von Trastevere die Füße wundlief?

Bänke kannte man in diesem Viertel Roms nicht, so ließ sich die erschöpfte Schwester auf einer Treppenstufe nieder. Sie versuchte ihren knurrenden Magen zur Geduld zu bringen. Aber Bruder Leib, einmal aufsässig geworden, ließ sich nicht besänftigen, und so biß Annaberta schließlich schweren Herzens dem päpstlich gesegneten Marzipanschweinchen den Kopf ab. Bruder Leib hörte jedoch erst zu knurren auf, als er das ganze Schweinchen und die Peterskirche aus Schokolade dazu verschlungen hatte. Und nun strahlten die Sterne über Rom. Schwester Annaberta sah freilich nichts von ihnen; längst war sie eingenickt, auf der Schwelle eines alten Hauses in Trastevere. Von zahlreichen Kirchen und Kapellen läuteten Glöckchen; ab und zu schreckte sie das ferne Gebimmel der Straßenbahn oder der Fluch eines betrunkenen Nachkommen der heiligen Märtyrer auf. War es schon Mitternacht, als sie der Hunger endlich weckte? Sie wußte es nicht. Kühl strich der Wind durch die Gassen. Irgendwo quietschte eine Fiedel und dröhnte ein Bretterboden unter stampfenden Füßen. Noch nie war die gute Schwester unter zwei Millionen Menschen, doch auch noch nie so allein gewesen. Und darum weinte sie.

Auf einmal sprang etwas in ihren Schoß: etwas Warmes, Lebendiges, und wühlte sich schutzsuchend in die Falten ihres Gewandes. Ein Kätzchen!

Getröstet durch das zutrauliche Gebaren des Tieres, wollte ihm Annaberta das weiche Fell streicheln und die Pfötchen in ihre Hände schließen, als sie plötzlich der grelle Strahl einer Taschenlampe anfiel und eine Stimme zornige Worte rief, die wohl bedeuten mochten: »Her mit der Katze!« Das Kätz-

chen schien es jedenfalls so aufzufassen, es miaute gottserbärmlich und wühlte sich immer tiefer in die weiten Falten der Ordenstracht hinein.

»Laß die Katze in Ruhe!« befahl Annaberta der dunklen Gestalt.

»Ma che, deutsch?« tönte es erstaunt zurück.

»Ja, Gott sei Dank – Sie auch?« Schwester Annaberta erhob sich vor lauter Freude, dabei plumpste das Kätzchen zu Boden und nahm schleunigst Reißaus.

»Nix, nix«, sagte der Mann. »Ich gewesen viel Jahre arbeiten in Germania. Ich hassen alle Deutsche, ich sie umbringen wollen – wie Katze! Wo ist Katze? Hergeben, du!«

»Die Katze ist fort. Suche sie selbst!«

»Und was wir essen, morgen? Morgen festo! Und ich haben zehn kleine Kinder. Zehn kleine Kinder mit großem Hunger. Sooo sehr!« Um der Schwester die schreiende Not seiner Sprößlinge, die sie um den Festtagsbraten betrogen hatte, eindringlich zu demonstrieren, trommelte der Mann mit beiden Fäusten auf seine Bauchhöhle. Eigentlich hätte ihn Annaberta jetzt um den Weg zum Bahnhof fragen wollen, doch der Gedanke an zehn hungernde Kinder erstickte jeden Gedanken an ihre eigene Not.

»Bringe mich zu deinen Kindern«, kommandierte sie entschlossen. Alle Müdigkeit war verflogen, wie bei einem Geistlichen, der, mitten aus dem Schlaf gerissen, zu einem Sterbenden eilt.

Als der Mann erkannte, wie ernst es ihr war, sagte er kleinlaut, fünf Kinder seien leider bereits gestorben, vor Hunger natürlich. Annabertas einfältige Seele durchschaute den Gauner noch immer nicht. Laut klagend über so viel Ungemach, schlug sie die Hände überm Kopf zusammen. Der Mann sah, daß sie nicht sehr fest auf den Füßen war, bot ihr hilfreich den Arm und stellte sich als »Gino, der Katzenfänger« vor. Bei der dritten Laterne machte er ihr weis, von seinen fünf lebenden Kindern befänden sich drei zur Zeit bei seinen Verwandten auf dem Lande, die Schwester werde also nur zwei antreffen. ›Um so besser,‹ sagte sich Annaberta, ›für fünf hätte das, was ich in der Tasche trage, doch nicht gereicht.‹

Endlich sagte der Katzenfänger: »Vorsicht, meine Wohnung!« und schob die Schwester in einen finsteren, feuchten Gang hinein. Angst beschlich sie. Wie hatte sie nur so dumm sein können, dem Gauner zu folgen? Wer weiß, was er von ihr wollte! Vielleicht stieß er ihr, im törichten Wahn, sie trage viel Geld bei sich, seinen Dolch in den Rücken; oder erwürgte sie wie eine Katze und verscharrte sie dann irgendwo vor den Toren der Stadt – –?

Noch war es nicht so weit: zunächst tat sich ein gewölbter Raum auf, der Boden aus gestampftem Lehm, die Wände nur spärlich getüncht, als Rauchfang diente ein enges, vergittertes Fenster, das einzige der ›Wohnung‹. So also wohnen die Ausgestoßenen in der Ewigen Stadt!

Der Strahl der Taschenlampe glitt über den Boden und fing schließlich einen Buben von fünf oder sechs Jahren ein, der zusammengerollt wie ein Igel auf einem Haufen alter Katzenfelle lag und schnarchte. »Palmiro«, erklärte Gino.

»Und wo ist das zweite Kind?« fragte Schwester Annaberta, nun doch böse darüber, daß von zehn angekündigten Hungerleidern nur mehr einer übrig war.

Gino rüttelte Palmiro wach und schrie ihm etwas von einer Bambina ins Ohr. Der Bub blinzelte erschreckt ins grelle Licht, zeigte mit der Hand in die hintere Ecke und rollte sich wieder in den Schlaf.

»Palmiro sagen, Bambina liegen in Ecke«, sagte Gino.

»In welcher Ecke?«

»Müssen suchen, werden finden«, tönte es schicksalsergeben zurück.

Schwester Annaberta wollte auffahren, doch sie erinnerte sich noch rechtzeitig an das Wort der ehrwürdigen Mutter, arme Sünder nicht in das Packpapier des Zorns, sondern ins Seidenpapier der christlichen Sanftmut einzuwickeln; freilich gelang es ihr nur vorübergehend, die überreizten Nerven einzuschläfern. Als sie schließlich in der dunkelsten Ecke einen Säugling, etwa sechs Monate alt, entdeckte, aus den Lumpen schälte und das kleine Körperchen ins Licht hielt – ach Gott, so verschmutzt, so abgemagert hatte sie noch kein Kind gesehen! –, da platzte ihre Geduld und sie rief: »Was hat denn dieses Kind für eine Rabenmutter! Wo treibt sie sich denn herum zu nachtschlafender Zeit? Hol sie sofort her, damit ich ihr das Einmaleins der Säuglingspflege auf die Backen schreibe! Los, hol sie doch!«

»Sie ist in Amerika, Suora«, antwortete Gino verzagt.

»In Amerika? Ja, was tut sie denn in Amerika?«

»Hat sie mir auch nicht gesagt. Sie ist fort mitten in Nacht, mit Giacomo.«

»Wer ist Giacomo?« begehrte sie zu wissen. Da stieß Gino einen fürchterlichen Fluch aus und drohte mit der Faust gegen den Himmel. Annaberta verstand.

»Das Kind wird sterben. Sein Herzchen schlägt nur noch matt.«

Gino setzte sich auf einen umgestürzten Eimer, rammte seinen Dolch in den Boden und sagte leise: »Warum soll leben die Bambina? Wenn sie sterben, sie nichts wissen, nichts spüren. Sie sein erlöst. Warum sie leben? In Trastevere kein gutes Leben. Wenn mich holen die Polizei – wer wird füttern die Bambina? Palmiro alt genug, Palmiro findet Essen, Trinken. Aber Bambina? Du wollen, Bambina sein wie ihr Mutter? Nein, du nicht wollen das. Du gut. Doch nichts anderes möglich in Trastevere. Du verstehen? Du sein gut, so gut; du auch nicht töten Katzen. Aber, laß sterben die Bambina! Laß sterben die Bambina!« rief er bettelnd, und als er zu heulen begann, rannen auch Annaberta die Tränen über die Wangen.

Um diese Stunde erwachte in einem Waisenhaus jenseits der Alpen Ehrwürden Mutter Potenzia aus unruhigem Schlaf. Ihr hatte übel geträumt: Schwester Annabertens Gesicht war ihr begegnet, zukkend vor Angst. Oberin Potenzia erhob sich, entzündete eine Kerze vor der Schutzmantelmadonna und sprach ein Ave für ihre geistliche Tochter und ein Ave für die armen Seelen.

Um dieselbe Stunde focht Monsignore Schwiefele in einem römischen Polizeibüro eine Windmühlenschlacht gegen die Schläfrigkeit der Beamten aus. Sie wollten durchaus nicht einsehen, warum sie den wohlverdienten Schlummer ihrer Leute verkürzen sollten, um eine entlaufene Nonne aufzustöbern, die bei Tagesanbruch von selber wiederkäme.

Um dieselbe Stunde löffelten Herr Adam Birnmoser und Fräulein Eva Süß in einer Gelateria auf der Via Nazionale Schokoladeneis aus kristallenen Schalen. Sie sprachen über Familienglück, natürlich durchaus unpersönlich, wie es die Studentin liebte. Birnmoser, noch tief beeindruckt von der Papstaudienz, meinte, er würde seinen Kronprinz Pius nennen. Fräulein Süß meinte darauf, Adam wäre doch viel passender, und sah Herrn Birnmoser keck ins Gesicht. Birnmoser errötete, senkte beinahe schuldbewußt den Kopf und murmelte: »O Eva, warum durchschauen Sie mich?«

Um dieselbe Zeit – hier in Indien war es freilich längst heller Morgen – las Pater Toni, pardon Timotheus, den Brief seiner Mutter, wie er Schwester Annaberta im Herzenskämmerlein titulierte. Ganz nahe war sie ihm jetzt: ihr rundliches Gesicht, die pfiffigen Äuglein, hinter der dicken Brille verschanzt, ihre immerroten Wangen, die Härchen zwischen Nase und Oberlippe und die vielen, vielen

Runzeln! Wenn sie wüßte, daß ein Trockenrasierer im indischen Dschungel nur als Wandschmuck dienen kann, bekäme sie sicher noch drei Runzeln dazu!

Und um dieselbe Stunde verlöschte das Licht im zweiten Fenster des obersten Stockwerks des vatikanischen Palastes. Der Heilige Vater sprach sein Nachtgebet, empfahl die weite schlafende Welt in die Hand ihres Schöpfers und hob segnend seine Rechte über Rom.

»Gino«, sagte Schwester Annaberta liebevoll, beugte sich über ihn und strich ihm durch das wirre Haar, »laß es gut sein, Gino. Wenn Gott die Bambina ruft, wollen wir sie nicht zurückhalten. Doch weißt du denn, ob er sie ruft, ob er schon einen Platz für sie frei hat im Himmel?«

»Gott kennt die Bambina nicht, Suora«, entgegnete Gino dumpf.

»Hast du sie etwa nicht taufen lassen? He, du! Gib Antwort!« Gino schüttelte den Kopf. Rasch schlug der Schwester Mitleid in heilige Entrüstung um: »Und du hättest sie sterben lassen, ohne sie vorher zu taufen? Du hättest sie unbedenklich in die Flammen der Hölle gestürzt? Ein Kind ist keine Katze, Gino! Ein Kind hat eine unsterbliche Seele, genauso wie du. Merk dir das! Und nun hole mir Wasser, sauberes Wasser, los, auf!« Sie zerrte ihn vom Eimer und stieß ihn zur Tür. »Entsetzlicher Kerl! Und halt! Vergiß nicht, Milch zu bringen. Das ist genauso wichtig.«

»Milch? Woher soll ich Milch nehmen?« erwiderte er trotzig.

»Ein Gauner wie du wird doch noch Milch herschaffen können.« Sie packte ihn bei seiner Standesehre – das wirkte. Er nahm zwei Töpfe und verschwand.

›Zustände wie im alten Rom‹, dachte sich Annaberta. ›So weit kommen die Menschen, wenn sie die Hirtenbriefe übers Familienleben schwänzen. Natürlich wird die Kleine sterben, wenn sich niemand um sie kümmert. Und es ist wohl besser so.‹

Gino kehrte mit Milch und Wasser zurück und reichte es der Schwester. Behutsam suchte sie dem Kind die Milch einzuflößen. Zunächst wußte es mit den weißen Tropfen nichts anzufangen und pustete sie von den Lippen. Endlich begann es zu saugen, doch so lustlos und matt, als gäbe es auf Erden kein verdrießlicheres Geschäft als am Leben zu bleiben.

»Und nun wird zuerst gewaschen, dann getauft. Schmutzfinken gibt es übergenug in der heiligen Kirche«, sagte Annaberta und warf einen tadelnden Blick auf Gino. Der widersprach nicht; teilnahmslos ließ er die Arme nach unten baumeln und schaute nicht einmal auf, als ihm die Schwester sein Töchterlein, von der Schmutzkruste befreit, entgegenhielt. Blinzelnd öffnete die Bambina ihre schwarzen Augen und guckte verwundert auf den Papa, der ihm das wohlige Rieseln des Wassers über den Scheitel und damit den Eintritt ins Himmelreich nicht gönnen wollte. Da es galt, eine heilige Handlung vorzunehmen, straffte die Schwester ihren zerdrückten Rock, rückte die Haube gerade und wischte sich den Schweiß von der Stirn. »So, Gino«, sagte sie, »ich bin bereit. Wie soll das Mädchen heißen?«

»Bambina genug. Wozu noch Namen? Sie sowieso sterben.«

›Warte, du Halunke‹, dachte sich die Schwester. ›Du willst deine Tochter als namenloses Etwas im Paradies umherirren lassen? Wenn es dort schon keinen Vater und keine Mutter hat, einen Namen soll es haben!‹ Mit der hohlen Hand schöpfte sie ein wenig Wasser, hielt es über das Köpfchen und begann: »Bambina –« und dann zögerte sie. War es nun Müdigkeit, oder war es die Freude, ein Menschenkind zum Gotteskind zu machen, was sie verwirrte – ihr fiel kein Name ein, außer ihrem eigenen. Und so fuhr sie fort: »Annaberta, ich taufe dich im Namen des Vaters und des Sohnes und des Heiligen Geistes«, und ließ das Wasser über den Scheitel rinnen.

Unsagbares Glück erfüllte sie. Wahrhaftig, Gott hatte sie zur rechten Zeit in die Irre laufen, zur rechten Zeit mit dem Katzenfänger zusammenstoßen lassen! Wer hätte sonst das arme Wesen getauft? Mochte Gino mit ihr machen, was er wollte, sie hatte dem Himmel einen neuen Bürger geschenkt.

Da unterbrach Gino ihre tröstlichen Gedanken: »Und jetzt? Wem gehören die Bambina?«

»Dem Herrgott.«

»Nicht dem Papst?«

»Auch dem Papst; er ist sein Stellvertreter.«

»So bring die Bambina dem Papst.«

»Gino, wo denkst du hin?«

»Nun – Papst ist reich, Papst schlafen in Bett aus purissimo Gold, Papst kann erziehen Bambina, Papst darf behalten Bambina, schenken, verkaufen, wie Papst will.«

»Was redest du für dummes Zeug! Der Papst hat doch keinen Platz für einen Säugling.«

»So, keinen Platz. Und wohnen in großer Palast, und Gino muß haben Platz in seine kleine Loch. Gino nicht kann ernähren die Bambina.«

Dem Katzenfänger schien die Absicht, das Mädchen fortzugeben, bitterer Ernst zu sein.

»So bringe die Bambina in die Fürsorge«, schlug Annaberta vor.

»Ich nicht gehen zur Polizei mit dieser – wie du sie nennen?«

»Annaberta.«

»Wer heißen Annaberta? Niemand in Trastevere.«

»Ich heiße Annaberta«, sagte die Schwester begütigend.

»O prima, primissima! Dann Bambina ist dein Kind!« rief er und klatschte in die Hände. »Papst wird geben dir viel Geld, du wirst machen die Bambina zu schönem Kind! Primissima!«

»Wo denkst du hin? Ich kann doch nicht – –«sie hielt inne; ›Was kann ich nicht?‹ fragte sie sich still, ›kann ich die Kleine nicht zu mir nehmen? Macht es denn etwas aus, ob ich zweiundzwanzig oder dreiundzwanzig Kinder behüten muß?‹

»Was kannst du nicht?« fragte er hartnäckig.

»Das Kind der Schweizergarde vor die Füße werfen«, rief sie verzweifelt und schlug die Hände vors Gesicht.

»So stirbt die Bambina, Bambina Annaberta –« sagte er langsam, jede Silbe des Namens so laut betonend, daß er der Schwester wie wuchtige Glockenschläge in den Ohren hallte. Die Hände glitten ihr vom Gesicht, sie beugte sich über das Kind, steckte ihm einen Taschentuchzipfel, getränkt mit Milch, zwischen die Lippen und beobachtete, wie die Bambina saugte, als hole sie den Durst von vier Wochen nach.

»In Gottes Namen, es sei«, sprach sie leise und fest wie ein uralter Bischof, dem sein Domkapitel zu resignieren nahelegt, und zeichnete dem Kind ein Kreuzlein auf die Brust.

Als die Bambina gesättigt aufstieß, meldete sich Schwester Annabertens Hunger wieder. Sie fragte Gino, ob er etwas zum Essen für sie habe. »Kaltes

Katzenfleisch«, lautete seine Antwort. Der Schwester schauderte. »Sonst nichts?«

»Kerne von Oliven. Altes Käse. Da –« sagte er und wies auf eine Blechkiste.

»Bring mir bitte davon. Ich muß die Bambina halten.«

Er reichte ihr eine Handvoll Olivenkerne. Der alte Käse war an allen Seiten angenagt. Sicher von Ratten. Annaberta schob ihn angewidert zur Seite.

»Vielleicht gibst du mir doch lieber ein Stück Katzenfleisch.«

Gino grinste triumphierend

Erstaunlicherweise war das Fleisch gut durchgekocht; es schmeckte fast wie das Lamm am Ostertag. Nur durfte sie beim Kauen nicht an ihr liebes Peterle, den schönsten und stolzesten Kater des Waisenhauses, denken! Doch wie es oft ist: als bestehe eine geheime Verbindung zwischen den Katzen in Trastevere und den Katzen des Bayerischen Waldes – kaum hatte sie am zarten Fleisch einigen Geschmack gefunden, miaute draußen im finsteren Gang ein Kater genauso schmalzig, genauso sehnsuchtsvoll wie Peterle. Annaberta blieb der Bissen in der Gurgel stecken. Gino pfiff unternehmungslustig durch die Zähne, packte seinen Dolch und verschwand im Gang.

»Bleib da, Gino! Laß die Katze leben!« bettelte die Schwester. Vergebens. Ein letztes, wildes Miauen – dann kehrte Gino zurück und hob einen fetten Kater ins Licht, dem Blut aus der aufgeschnittenen Kehle tropfte. »Unser Festtagsbraten!« rief er stolz.

Annaberta spie ihm den halbverdauten Bissen Katzenfleisch vor die Füße, ihr Hunger war vorbei. Ginos Stolz auch.

Es dauerte nicht mehr lange, so übermannte beide der Schlaf. Als Schwester Annaberta wieder erwachte, sickerte Morgenlicht durch das vergitterte Fenster. Sie kniete sich auf dem Boden nieder und sprach ihr Gebet. Plötzlich schreckte sie kicherndes Lachen aus ihrer Andacht. Palmiro, mit einem kurzen Hemdchen bekleidet, schlug Purzelbäume vor Vergnügen, als er die Schwester auf den Knien sah. Er meinte anscheinend, jetzt werde sich bald der Papa erheben und die Schwester verprügeln. Denn wozu hätte sie sich sonst niedergekniet?

Annaberta wollte zornig werden; doch schließlich konnte sie nicht anders, als in sein Lachen einzufallen. Sah er nicht drollig aus, der Katzenfängerkronprinz von Trastevere, wenn er abwechselnd mit dem schwarzen Wuschelkopf oder der blanken Hinterfront aus dem Lumpenberg, der ihm zum Nachtquartier gedient, emportauchte?

»Palmiro!« rief die Schwester lockend, und als er näherkroch, holte sie aus der großen Tasche alles hervor, was sie für die Kinder im Waisenhaus eingekauft hatte: den Gummibären, den Affen aus Stoff, den Wachselefanten mit dem Aufdruck ›Anno Santo‹, die Gliederpferdchen. Als gälte es, eine Krippe herzurichten, so andächtig baute sie das Spielzeug auf dem Boden auf. »Alles hat der Heilige Vater gesegnet!« sagte sie, und dachte sich noch dazu: ›Wenn schon kein Priester Zutritt zu dieser Wohnung hat, sollen die Spieltierchen Boten der himmlischen Güte sein.‹

Palmiro staunte und staunte und brachte kein Wort hervor. Scheu wanderte sein Blick über diese Herrlichkeiten. Vielleicht faßte er noch nicht, daß dies alles ihm gehörte?

»Pax tecum!« sagte die Schwester und meinte, vielleicht versteht er Latein. Und wie er's verstand! Mit raschem Griff, als fürchte er, die gute Fee könnte ihre gute Tat bereuen, sammelte er die Spieltiere ein, versteckte sie unter dem Hemd und schleppte sie dann in seine Schlafecke. Als er seine Beute sicher verstaut hatte, kehrte er auf den Zehenspitzen zurück, verbeugte sich respektvoll und hauchte der Schwester ein Küßchen auf die Hand. Von wem hatte er das wohl gelernt? Von seinem Vater vielleicht?

Fast begann die Schwester daran zu glauben. Denn als Gino nun endlich auch erwachte, erbot er sich sofort, die Schwester zu ihrem Pilgerhospiz zu begleiten. Nur müsse sie ihm versprechen, einen Umweg um die nächste Polizeistation zu machen. Und außerdem müsse sie natürlich die Bambina mitnehmen.

Durch das Ausräumen der Spielsachen fand die Bambina in der großen Tasche bequem Platz. Gino stiftete noch ein Katzenfell, damit sein Sprößling möglichst weich gepolstert den Marsch durch Rom überstehe. Und dann traten sie ins blendende Licht des Tages hinaus.

Palmiro blickte ihnen verwundert nach. Ob die gute Frau wohl wiederkommen würde? Zwei Stunden hoffte er, bis der Vater allein zurückkehrte. Palmiro verstand. Er verkroch sich in seine Ecke, holte den Wachselefanten hervor und drückte ihn so heftig an seine Brust, bis er zu einem armseligen Klümpchen zusammengeschmolzen war, gar nicht viel größer als die Tränen, die Palmiro unaufhörlich über die Wangen kullerten.

Ausgerechnet in dem Augenblick, da sich die Pilger vor dem Quartier versammelten, um nach dem Lateran zu marschieren, kehrte die Schwester zurück. Ein vielstimmiger Jubelschrei erscholl! Die Nachricht von ihrem rätselhaften Verschwinden hatte sich rasch herumgesprochen, und jedermann hatte plötzlich seine Sympathie für die stille, bescheidene Gefährtin entdeckt. Die aufregendsten Vermutungen waren laut geworden. Der Baron von Neuhaus hatte ein wohlvorbereitetes Unternehmen der Kommunisten oder anderer Menschenräuber geargwöhnt; Frau Schulrätin hatte auf eigene Kosten – (»Da sich die Reiseleitung, wie immer, zu keinem energischen Schritt aufraffen kann«) – für neun Uhr einen Detektiv bestellt; der Mesner Luitpold hatte unaufhörlich den Kopf geschüttelt und gebrummt, das käme davon, wenn Klosterfrauen auf Reisen gehen statt hinter ihren Gittern zu bleiben; und Fräulein Süß war eine halbe Stunde eher aufgestanden, in die benachbarte Kirche gegangen und hatte einen ganzen Rosenkranz für die Heimkehr der Schwester gebetet.

Der Monsignore wußte nicht recht, sollte er seine Arme weit aufspannen oder zum Zeichen des Zorns hinter dem Rücken verschränken. Als er merkte, die Schwester drohe vor Erschöpfung umzufallen, siegte sein gutes Schwabenherz. »Gott sei gepriesen, daß Sie endlich da sind!« rief er, bot ihr freundschaftlich den Arm und geleitete sie ins Haus, um sie vor dem Fragenregen der Neugierigen zu bewahren. Er schob ihr einen Sessel hin. Taumelnd fiel die Schwester aufs Polster. Die Tasche aber behielt sie fest in der Hand.

»Nun müssen Sie sich erst einmal etwas stärken, bevor Sie alles erzählen«, bestimmte der Monsignore. »Wünschen Sie Milch oder Kaffee?«

»Beides. Für mich den Kaffee.«

»Und für wen die Milch?«

Wortlos öffnete sie ihre Tasche. Dem Monsignore verschlug es die Sprache.

Als die Pilger, aus dem Lateran heimgekehrt, von Schwester Annabertens Abenteuer in Trastevere vernahmen, hätten sie ihr am liebsten eine Ovation dargebracht. Der Monsignore mußte alle Energie aufwenden, die gemischte Pfarrjugend am Sturm auf die Dachterrasse, wo die Schwester ihren Schlaf nachholte, zu verhindern. Gewissermaßen als Ersatz gab er die kleine Annaberta zur Besichtigung preis. Des Katzenfängers Töchterlein schlummerte in einem blütenweißen Bettchen und nahm keinerlei Notiz von den Damen, die, seufzerreich den Vorfall kommentierend, an ihm vorüberdefilierten.

VII Von der Gnade, die keiner hatte, oder wie Herr Birnmoser seinen guten Vorsatz vergaß

Weil es Feiertag war, und zudem der letzte Tag in der Ewigen Stadt, verzichtete die Reiseleitung auf ein festes Programm und stellte den Pilgern selbst anheim, ob sie zum Pontifikalamt nach Sankt Peter oder nach Sankt Paul oder sonstwohin gingen, nur sollte sich niemand allein auf den Weg machen, sondern sich an einen anschließen, der sich in der Stadt und der Sprache auskannte. Die Mehrheit lenkte ihre Schritte nach Sankt Peter. Frau Schulrätin schloß sich dem Kaplan an, der seiner Pfarrjugend das Germanikum zeigen wollte. Keinem Germanisten kann das Goethehaus zu Weimar teurer sein als einer schwärmerischen Pfarrjugend die Ausbildungsstätte ihres Kaplans; darum betraten die Jungfrauen und Jünglinge aus dem Kohlenpott nur flüsternd und scheu die heiligen Hallen. Das kurze Grüßen der Kleriker, die in tomatenroten Röcken über den Binnenhof liefen, erwiderte die Schulrätin mit ergebenem Kopfnicken, als wolle sie sich schon jetzt den künftigen Bischöfen als pflichtbewußtes Diözesankind empfehlen. Außer der fensterlosen Kirche gab es im Germanikum freilich wenig zu sehen; so bot sich noch genügend Zeit, nach der Vatikanstadt zu fahren und die Menge der Zweihunderttausend, die auf den Segen des Heiligen Vaters wartete, auf zweihunderttausendsechsundzwanzig zu erhöhen. Auf dem weiten Oval des Petersplatzes standen Menschen aller Hautfarben Kopf an Kopf und spähten durch Sonnenbrillen, Feldstecher oder auch nur mit den eigenen Augen nach dem Balkon über dem Portal der Basilika. Als sich endlich die Balkontür bewegte, schlug das nervöse Geraune der Menge in atemlose Erwartung um. Es war nur die Ruhe vor dem Sturm. Denn sobald sich zwischen den Prälaten, sie alle um Haupteslänge überragend, die weiße Gestalt des Heiligen Vaters zeigte, knatterten und feuerten die Südländer aus allen Rohren der Begeisterung ihr »Evviva!« zum Balkon empor, kurbelten die Nordländer den Motor ihrer wohlgemeinten Sprechchöre an, hoben Väter ihre taschentuchschwenkenden Söhne auf die Schulter, wischten sich die Mütter Tränen von den Wangen – ach, was sollen wir uns eigens

Mühe geben, diese Szene neu zu schildern? Eine ganze Generation von Reportern verwendet alle Ostern genugsam Stimme und Scharfsinn darauf! Und wem es versagt ist, sie selber zu erleben, der wird ja doch nur immer ahnen und niemals wissen können, wie ergriffen sich die Zweihunderttausend unter das Segenskreuz des Heiligen Vaters beugen und wie stolz sie sind, Kinder der heiligen Kirche zu sein.

Schwester Annaberta kniete nicht unter dieser glücklichen Menge. Doch wir hoffen, die Flügelschwingen des Segens berührten auch sie, die noch immer auf der Terrasse des Hospizes ruhte, in wohligem Halbschlummer mit der Sonne plauderte und den vielen Kuppeln und Campanili die Namen ihrer Waisenkinder gab. Noch stand der rote Feuerball über Trastevere, bald wird er über den Janiculus zum Vatikan wandern und sich schließlich hinterm Monte Mario zur Ruhe begeben. Gino wird wieder Katzen nachschleichen und keine verlaufene Nonne wird ihn am blutigen Handwerk hindern. O Gino!

Plötzlich sprach sie Herr Birnmoser an: »Nun, liebe Schwester, schon erholt?«

»Danke sehr, Herr Birnmoser. Wenn es nur der kleinen Annaberta halb so gut ginge wie mir!«

»Fehlt ihr etwas?«

»Sie schreit nicht. Stumm liegt sie in ihrem Bettchen und blinzelt nur dann und wann mit den Äuglein. Ihre Lebensgeister scheinen sehr schwach. Wenn sie nur nicht auf der Heimfahrt stirbt!«

»Deswegen dürfen Sie aber den Kopf nicht hängen lassen, liebe Schwester. Im rechten, wollt sagen, unrechten Augenblick fängt die Kleine sicher zu schreien an: wenn wir nämlich schlafen wollen. Übrigens möchte ich Sie zum Abendessen einladen.«

»Mich? Das geht nicht, Herr Birnmoser.«

»Sie werden sehen, wie gut das geht.«

»Wenn Sie mich in ein Lokal mitnehmen wollen, muß ich nein sagen.«

»In ein seriöses Lokal.«

»Lokal bleibt Lokal. Was würde der Monsignore dazu sagen?«

»Der geht ja auch mit. Außerdem hat Ihre Oberin Ihnen eingeschärft, in allem der Reiseleitung zu folgen. Zweimal waren Sie unfolgsam. Wollen Sie es ein drittes Mal riskieren?«

Annaberta entfuhr ein Lächeln. »Sie verstehen Ihr Handwerk«, sagte sie. »Doch wir fahren ja heute abend schon wieder nach Hause.«

»Erst nach elf Uhr. Bis dahin bleibt viel Zeit. Fast alle Pilger schwärmen noch einmal aus. Kaplan Schlüter führt seine Pfarrjugend zu den Wasserspielen nach Tivoli. Die älteren Herrschaften schwanken noch zwischen der Via Appia und einem Bierhaus bei der Piazza Colonna.«

»Aber warum soll ich mit Ihnen fortgehen?«

»Um eine Verlobung mitzufeiern«, erwiderte Birnmoser und blickte dabei so grimmig, als habe er Baldrian geschluckt.

»Wer verlobt sich denn?«

»Fräulein Süß –«

»Und Sie! Dabei haben Sie mir erst neulich erklärt, Sie dächten gar nicht ans Heiraten.«

»Wann habe ich das erklärt?«fragte Birnmoser kleinlaut.

»Am Kolosseum, vor drei Tagen.«

»Vor drei Tagen! Mein Gott, wie schnell doch unsereiner seine Vorsätze vergißt!« Da lachten sie beide laut und herzlich, die kleine Annaberta aber schwieg noch immer.

Punkt sechs Uhr – die große Annaberta hatte die kleine eben noch mit Grießbrei gefüttert – fuhr ein Taxi vor. Birnmoser erschien in einem Smoking von leuchtendem Schwarz, der Zitronenfalter Eva hatte sich in einen Kohlweißling verwandelt, der Monsignore trug einen frischen Kragen, der Primiziant war tadellos rasiert.

Sie nahmen Platz. »Trastevere, San Callisto!« rief Birnmoser dem Chauffeur zu.

»Trastevere?« fragte Annaberta erschrocken.

»Keine Angst. Vor Katzenfängern sind Sie heute sicher!«

Das schöne Wetter hatte ganz Rom auf die Straße gelockt. Und doch glaubte Annaberta, im Menschengewühl auf dem Corso den Simmerl und den Mesner Luitpold zu erkennen, wie sie Arm in Arm, mit wilden Gebärden auf einen Schuhputzer einredeten und dabei immer die Gebärde des Trinkens machten. ›Die suchen kaum die Via Appia‹, dachte sich die Schwester. ›Vor denen brauche ich mich also nicht zu genieren.‹

Um so mehr genierte sie sich ihrer Vergnügungssucht, als sie am Lungotevere dem verarmten Ehepaar von Neuhaus begegneten. Wie ein zerknitterter Regenschirm hing der Herr Baron am Arm seiner Gemahlin und schleppte sich so müde übers tausendjährige Pflaster, als hätte er mehr Blasen als Zehen an den Füßen.

Birnmoser ließ das Taxi halten und rief das Ehepaar an: »Wohin zu Fuß?«

»Nach Sankt Peter«, erwiderte die Baronin.

»Da fährt doch aber die Circolare hin!«

Der Baron spitzte die Ohren. »Gemahlin, hörst du?« sagte er dann, »da fährt die Circolare hin.«

»Still, Ferdinand –« kommandierte sie, und er kuschte sich wie ein geprügelter Hund. »Wir haben gelobt, die Wallfahrt zu den sieben Hauptkirchen zu Fuß zu machen. Haben wir es bisher ausgehalten, werden wir das letzte Stück auch noch bewältigen.« Und sie gab ihrem Mann einen aufmunternden Klaps auf den Rücken.

»Weiterfahren«, bat Eva Süß leise. Und weder sie noch der Monsignore, noch Birnmoser, noch der Primiziant, am allerwenigsten jedoch Schwester Annaberta sprachen ein Wort, ehe sie in einer engen Gasse von Trastevere hielten.

Von dem festlich geschmückten Lokal, vor dem sogar vatikanische Wägen parkten, sah Schwester Annaberta nicht viel. Gesenkten Blicks ging sie durch die Säle. Eine lange Treppe führte sie in den Keller. Erst hier, wo es wohltuend kühl und still war, wagte sie, die Augen zu erheben. Und was sah sie da?

Emerenz Obermair, die ehrengeachtete Jungfrau (wie es einmal auf ihrem Grabstein heißen wird), saß mutterseelenallein an einem Tisch, hatte ein Gläschen voll dunkelbraunem Naß vor sich stehen, summte die zweite Stimme der Cäcilienmesse von Haslbacher und schwenkte mit dem Likörfläschchen den Takt dazu.

»Nanu?« entfuhr es dem erstaunten Monsignore und er konnte sich das Lachen kaum verbeißen. »Nanu?« echoten die andern.

Die brave Emerenz merkte zunächst gar nichts. Erst als ihr Schwiefele sanft auf die Schulter klopfte, stürzte sie erschrocken aus ihrer seligen Verzückung und ließ die Flasche fallen.

Wie sie nur in dieses Lokal geraten sei, wollte Birnmoser wissen.

Verschämt strich sich die Emerenz über den feuchten Mund, schneuzte sich dann recht kräftig, um Zeit zu gewinnen, und gab schließlich eine wortreiche Erklärung ab. Sie hätte es sich vorgenommen, möglichst viel Ablässe zu gewinnen und deshalb alle Heiligtümer Roms zu besuchen. So hätte sie den ganzen Tag wie eine Wühlmaus in Katakomben zugebracht, die nur Eingeweihten bekannt seien. Schließlich habe sie vom Brunnen des heiligen Kallistus gehört, einem der merkwürdigsten Heiligtümer der Stadt. Zunächst habe sie ein bißchen gezögert, als es hieß, diese ehrwürdige Stätte befände sich in einem Lokal. Doch nicht lange. Ein liebenswürdiger Kellner habe sie zu dem Brunnen geführt, ihr recht eindrucksvoll das

Martyrium des Papstes Kallistus, der dort ertränkt worden war, geschildert und sie schließlich gefragt, ob sie nicht von dem Brunnenwasser etwas genießen wolle; es sei ein nicht nur geheiligter, nein auch heilkräftiger Trank. Die ablaßfreudige und reliquienhungrige Emerenz habe selbstverständlich zugestimmt und nun koste sie andächtig den ehrwürdigen Trank und müsse ehrlich gestehen, er überträfe das Wasser aller wunderbaren Quellen, von denen sie bisher genossen.

»Der Kellner verstand sein Geschäft«, sagte Birnmoser und bemühte sich, ein ernstes Gesicht zu bewahren.

»Oh, er ist ein gottesfürchtiger Mann! Die Tränen rollten ihm über die Wangen, als er erzählte, wie der Heilige im Hinabstürzen seine Feinde noch segnete. Zum Dank gab ich ihm meine restlichen Dollars. Der arme Mann hat zehn Kinder zu ernähren!«

Emerenzens Augen glühten vor Rührung. Dann führte sie die Gesellschaft in eine dunkle Nische und zeigte ihnen den tiefen Brunnen, wo die Heiden den Papst Kallistus ertränkt hatten.

Schwester Annaberta erschauderte: »Gerechter Gott, wie soll mir jetzt das Essen schmecken!«

»Aber liebe Schwester«, beruhigte sie der Monsignore. »Dem heiligen Kallistus schmeckt es auch längst an der himmlischen Hochzeitstafel. Im übrigen gefällt es dem Herrgott sicher besser, wenn wir beim Wein ein Tedeum anstimmen als wenn wir beim Wasser ein saures Gesicht machen und über die schlechten Zeiten murren.«

»Gut gesagt, Hochwürden«, ließ sich Eva hören. »Doch am meisten gefiele es ihm, wenn wir beim Wassertrinken ein Tedeum sängen!«

»Natürlich«, gab der Monsignore zurück, »wenn einer diese Gnade hat – –!«

Heute hatte sie keiner von ihnen. Sie riefen nach dem Kellner. Bald tänzelte er die Treppe herunter und kredenzte galant eine Flasche Orvieto Bigi. Der Emerenz zwinkerte er freundschaftlich zu, doch als er der Schwester Annaberta einschenken wollte, befiel ihn plötzlich ein Zittern und er vergoß einige Tropfen aufs Tischtuch.

»Was haben Sie? Ist Ihnen nicht wohl?« fragte ihn Birnmoser.

»Niente, Signore, niente«, stieß er hastig hervor und zitterte noch mehr.

Überrascht hob die Schwester den Kopf, blickte auf den Kellner, und nun befiel auch sie das Zittern.

»Was ist Ihnen, Schwester? Ist Ihnen nicht wohl?« fragte sie Eva.

»O niente, Signore, niente –« erwiderte sie, und als alle laut auflachten, weil sie plötzlich italienisch redete, fand sie ihre Fassung zurück und bedeutete dem Kellner mit souveräner Geste, ihr Glas zu füllen.

Als der Kellner wieder verschwunden war – er stürzte wie in wilder Flucht die Treppe hinauf –, meinte Birnmoser, das müsse ein Aushilfskellner sein. Er kenne ihn nicht und sei doch hier bestens bekannt.

Gino war es gewesen. Doch die Schwester verriet das nicht. Am Ende riefe der gesetzesfromme

Birnmoser die Polizei herbei. Dann müßte sie die kleine Annaberta in die Fürsorge geben. Andererseits war zu befürchten, daß Gino inzwischen das Wegschenken seiner Tochter bereute und sie zurückhaben wollte. Jedesmal nun, wenn auf der Treppe Schritte laut wurden, zuckte die Schwester zusammen und spähte ängstlich, ob nicht ein Polizist erscheine. Doch es war immer nur Gino, der erst eine Aufschnittplatte, dann wieder Wein und zum Schluß daumendicke Zigarren brachte. So trieben die beiden ein heimliches Duell miteinander, von dem die Tafelgenossen nichts ahnten, und belauerten sich argwöhnisch trotz der gleichgültigsten Miene der Welt, um die sie sich bemühten. Daß Annaberta nur wenig aß und trank, schrieb der Monsignore auf den Bericht vom Tod des heiligen Kallistus. Wahrscheinlich geisterte ihr der ertränkte Papst appetitverderbend durchs Gemüt.

Alois Süß, der beim Primizmahl von den leckeren Speisen nur gekostet und seither irdische Genüsse geringgeachtet hatte, fand endlich zu seiner früheren Daseinsfreude zurück. Der vollere Magen dämmte seine Gähnsucht ein. Er begann von Theologenstreichen zu plaudern, ahmte berühmte Professoren nach und brachte die ganze Gesellschaft zum Lachen. Eva und der Monsignore blieben ihm nichts schuldig, und so reichte bald ein Scherz dem anderen die Hand, bis das geistliche Haupt der Pilgerschar, sein hüpfendes Bäuchlein mit der Hand beschwichtigend, sich über das Weinglas beugte und sprach: »Wenn doch die Evangelisten nur die Späße berichtet hätten, die der Heiland auf der Hochzeit von Kana erzählte! Das waren bestimmt die besten von der Welt!«

Ein fröhliches Kopfnicken am ganzen Tisch, nur Emerenz rümpfte die Nase, als sei sie die Großmutter der Inquisition.

Die Zeit verging wie im Urlaub. Der Primiziant hatte sich verleiten lassen, eine Zigarre – die erste seines Lebens – zu rauchen und wurde nun zusehends stiller und bleicher. Um neun Uhr flutete ein Schwarm amerikanischer Kunststudenten in den Keller und ließ sich weder durch den ehrwürdigen Brunnen noch durch die hochwürdige Geistlichkeit am Lärmen und Flirten hindern.

»Ich glaube, wir brechen auf.« »Haben wir auch nichts vergessen?« sagte der ordnungsliebende Birnmoser und schaute auf den Stühlen nach.

»Die Verlobung, Adam«, hauchte Eva leise.

Sie standen alle wie angedonnert. Doch was half's? Noch einmal mußte Gino herbeigerufen, noch einmal ein Glas auf das Wohl der Verlobten geleert werden. Dann zwängten sie sich durch die lärmenden

Boys und Girls die Treppe hinauf dem Ausgang zu. Gino hielt die Türe auf. Der Monsignore und Birnmoser steckten ihm ein fürstliches Trinkgeld zu. »Grazie«, sagte er darauf.

Als Schwester Annaberta die Türe passierte, blickten sie sich in die Augen, zum erstenmal an diesem Abend. Plötzlich verbeugte sich Gino tief, ergriff ungestüm die Hand der Schwester, küßte sie und stammelte: »Mille grazie, Suora, mille grazie!«

»Nein, das ist mir ein schneidiger Kavalier!« sagte Birnmoser lachend. Gut, daß die Schwester im Schatten stand, sonst hätte er sie weinen gesehen.

Alois, dem Primizianten, war nicht wohl, ihn drängte es nach Hause. Seine Schwester steckte ihm eine Tablette in den Mund und schlug vor, über den Petersplatz zu fahren, um die festlich beleuchtete Peterskirche zu sehen.

Gesagt, getan!

Und so standen sie wenige Minuten später noch einmal auf dem Platz, den Annaberta so liebte. Noch immer stürzten die Brunnen himmelan und die Tropfen funkelten golden im Licht der Scheinwerfer und Pechfackeln. Wie eine leuchtende Krone ruhte die Kuppel auf der Kirche. Und da war es der Schwester, als wüchse der riesenhafte Bau in der Finsternis bis an die Sterne – oder senkten sich die Sterne auf ihn herab? –, als breite er die beiden Flügel der Kolonnaden wie Arme aus, um sie allen, allen Menschen auf der Welt entgegenzustrecken und sie heimzuholen, alle, die guten Willens sind.

»Der Himmel – der Himmel –« sagte Annaberta

leise. Nur Eva vernahm es, die neben ihr stand, und der müden Schwester den Arm gereicht hatte.

»Ja, und ich glaube, wir könnten ewig zuschauen, und es würde uns nicht langweilig werden –«

»Wie in der Heimat, wie zu Hause.«

Als die ersten Fackeln an der Fassade verlöschten, nahmen sie Abschied von Rom. Langsam schritten sie über den Platz zurück und schwiegen, um die Brunnen noch singen zu hören.

Am Hospiz angekommen, eilte Annaberta, so erschöpft sie auch war, hurtig die Treppe hinauf in ihr Zimmer und fragte das Mädchen der Pfarrjugend, eine Hausgehilfin, die inzwischen den Säugling betreut hatte: »Hat sie geschrien?«

Das Mädchen schüttelte den Kopf: »Immer noch nicht.«

Da war Annaberta tieftraurig. Gino hatte ihr wohl vergeblich die Hand geküßt.

VIII Vom letzten Gefecht zwischen Liebe und Gesetz oder warum sie alle sangen: „Großer Gott, wir loben Dich"

Mit einer Pilgerfahrt ist es wie mit einer Geschichte, und mit einer Geschichte wie mit einer Predigt: dauert sie zu lange, halten sich die Zuhörer die Hand vor den Mund. Darum wollen wir es kurz machen. Verschweigen wir also ruhig, daß Monsignore Schwiefele beim Abzählen seiner Anvertrauten erst zwei zuviel, schließlich zwei zuwenig zählte, im Vertrauen auf das arithmetische Mittel niemanden vermißte und erst in Orvieto merkte, daß ausgerechnet die Jungfrau und Rentnerin Emerenz Obermair fehlte. Sie war vom Bahnhof noch einmal zum Hospiz zurückgefahren, den Koffer voll geweihter Rosenkränze und Kerzen zu holen, den sie vergessen hatte. Der Monsignore und Kaplan Schlüter zerbrachen sich den Kopf, welche Hebel man bewegen müsse, um der Ausreißerin wieder habhaft zu werden. Den Aufenthalt in Florenz wollten sie benutzen, um eine Großfahndung einzuleiten. Doch wer stand dort freudestrahlend am Bahnsteig? Emerenz Obermair. Sie hatte in Rom rechtzeitig den nächsten Anschluß erwischt – in der

Jugend hatte sie manchen verpaßt – und war mit dem fahrplanmäßigen Rapido noch vor unserem Pilgerzug in Florenz eingetroffen.

Monsignore Schwiefele atmete auf und sank sofort in tiefen Schlaf. Im letzten Wagen hatte sich wieder die alte Gesellschaft zusammengefunden. Eva Süß hatte neben Annaberta Platz genommen und half ihr, die kleine Annaberta zu betreuen. Doch ihre Kenntnisse aus einem Säuglingspflegekursus reichten genauso wenig wie die jahrzehntelange Erfahrung der Schwester aus, um das absolute Silentium des armen Würmleins, das jedem Trappisten Ehre gemacht hätte, zu erklären. Sogar das pädagogische Senkblei der Schulrätin stieß hier auf keinen Grund.

Alles in allem: die Heimfahrt wurde bei weitem nicht so lustig wie die Hinfahrt. Wo hätten die Pilger auch die freudige Erwartung hernehmen sollen? Was sie daheim erwartete, wußten sie ja. Baronin von Neuhaus sah die lästigen Fehden mit ihrer Zugehfrau voraus; auf den Mesner Luitpold wartete seine besenschwingende Alte, auf den Primizianten der Bescheid des Bischofs, sich als dritter Kaplan einer Industriepfarrei zu melden. Zudem waren sie alle erschöpft. Viele tauchten schon an der Stazione Tiburtina in bleiernen Schlaf und schnarchten bis zur Grenze durch. Kaplan Schlüter, offenbar doch von südlicher Gelassenheit infiziert, verzichtete darauf, seine Schützlinge in einem Wagen zu kasernieren. So wurde der Weißwurstäquator, der sich in den ersten Tagen der Reise wie eine heimliche

Grenzlinie zwischen die Pilger gelegt hatte, ausradiert. Simmerl, der Hopfenbauer, plauderte vergnügt mit einem Dutzend rheinischer Jungen und Mädchen und wunderte sich baß, wie mühelos sie mit dem Imperfekt und dem Konjunktiv umgingen, zwei Erscheinungen der deutschen Sprache, die einem stammesbewußten Bayern zeitlebens so zuwider bleiben wie gesüßtes Bier.

Brüderlich vereint beteten, murmelten, schnarchten und schwatzten die Pilger dem Brenner entgegen. Bei Bologna wurde es hell, in Verona grüßte die Sonne zum Fenster herein, in Trient wachte der Monsignore wieder auf und in Bozen verschnaufte der Zug. Es blieb Zeit, sich die Füße zu vertreten und den Magen zu beschäftigen. Die kleine Annaberta schrie noch immer nicht.

* * *

Hinter Brixen betrat Monsignore Schwiefele das letzte Abteil. Sein Gesicht verriet Sorge, als er den Säugling erblickte. »Was machen wir beim Zoll? Wir haben keine Exportgenehmigung für das Kind.«

Ja wahrhaftig, daran hatte niemand gedacht! Frau Schulrätin bestritt das zwar und erklärte, sie hätte bereits in Rom darauf hingewiesen, wie wichtig es sei, Papiere für die kleine Annaberta zu beschaffen; doch konnte sich außer ihr niemand dieses Hinweises erinnern. Nun war guter Rat teuer. Letzten Endes würde die brave Schwester noch wegen

Kindsentführung hinter Schloß und Riegel gesperrt. »Niemals wird das geschehen«, rief der Baron empört. »Wir werden sie bis zum letzten Blutstropfen verteidigen!« Dabei funkelte er mit den Augen, als käme der Geist seiner Ahnen, berüchtigter böhmischer Raubritter, über ihn.

Die drohende Gefahr hatte sich rasch herumgesprochen und nun hagelte es Ratschläge. Emerenz Obermair riet, die Zuflucht zum heiligen Matthäus zu nehmen, der selber Zöllner gewesen. Ein anderer meinte, an die Tür des Abteils einen Zettel mit der Aufschrift: »Diphtherie« zu kleben. Stürmische Rheinländer boten sich an, dem Zollbeamten den Zutritt zu verwehren. Doch da half kein feierliches Imperfekt und kein klangvoller Konjunktiv – die kleine Annaberta besaß keine Papiere, und wer keine Papiere besitzt, existiert nicht.

Gossensaß, durch einen Schüttelreim bestens bekannt, lag bereits hinter ihnen. Unaufhaltsam keuchte der Zug den Brenner hinauf.

»Schieben Sie halt das Kind unter die Sitzbank. So genau schauen diese Italiener gar nicht nach, vor allem nicht bei einer Klosterfrau«, riet Eva schließlich und jeder fand das vernünftig. Nur die Schulrätin erklärte, es touchiere sie schmerzlich, bei einer Defraudation gegen die Behörde mithelfen zu müssen. Da außer ihr jedoch niemand wußte, was touchieren und defraudieren heißt, fiel dies Bedenken nicht ins Gewicht.

Also wurde Annaberta junior in ihrem Körbchen unter die Sitzbank verfrachtet. Störmanöver ihrerseits waren ja gottlob nicht zu befürchten. Während die Zollbeamten noch die ersten Wagen kontrollierten, betete im letzten jeder inbrünstig, daß die Gefahr glücklich vorüberziehe.

Der Zöllner trat ein und grüßte freundlich.

»Guten Tag die Herrschaften! Etwas zu verzollen? Wein? Kaffee? Zigaretten? Oder sonstige neue Waren?«

Alle schüttelten lebhaft, zu lebhaft mit dem Kopf. Nur Schwester Annaberta hielt ihn steif.

»Sie auch nicht, Schwester? Keine neuen Waren?«

Ehe nun Annaberta, die Blicke aller auf sich gerichtet, den Mund öffnen konnte, schrie die kleine Annaberta aus Leibeskräften und meldete unbarmherzig ihre Ansprüche an. Eigentlich hätten nun die Schwester und die Mitverschworenen erblassen müssen, doch vor Freude über den langersehnten Schrei vergaßen sie allen Zoll, alle Ausfuhrbestimmungen, alle gefährlichen Konsequenzen, klatschten in die Hände, riefen jubelnd: »Sie schreit! Sie schreit! Die kleine Annaberta schreit!« zogen das Körbchen unter der Sitzbank hervor und drängten sich heran, den köstlichen Anblick des aufgesperrten Mäulchens zu genießen. In den Nachbarabteilen wurde es lebendig, von allen Seiten quoll die gemischte Pfarrjugend herbei, die Burschen schwenkten ihre Mützen, die Mädchen ihre Kopftücher: »Sie schreit! Sie schreit!« Einer Hausgehilfin traten die Tränen in die Augen. Dem Monsignore rutschte die Brille von der Nase, dem Kaplan das Brevier aus der Hand.

Im ersten Augenblick war der Zollbeamte baff, dann bemühte er sich um die gehaltsmäßig eingestufte Amtsmiene und fragte scharf in gebrochenem Deutsch: »Was ist das für ein Kind? In welchem Paß es eingetragen?«

Doch niemand achtete auf ihn; alles, was ein fühlendes Herz in der Brust trug, umdrängte das Körbchen, wo die kleine Annaberta schrie, als wolle sie später Wagnersängerin werden.

Der Zollbeamte gab die Schlacht noch nicht verloren. »Das ist ein italienisch Kind!« sagte er.

Eva wandte sich zu ihm: »Ah, das erkennen Sie an der Sprache!«

O Eva, Eva! Hättest du das nur nicht gesagt. Nun hast du seine Wut und seine Neugier gereizt.

»Mischen Sie sich nicht ein, Signorina«, kommandierte er böse.

»Erlauben Sie, mein Herr«, erwiderte Eva schneidend und pflanzte sich kerzengerade vor ihm auf, »schließlich gehört das Kind mir!«

Ein Sack Totenstille plumpste ins Abteil. Der Schwester pochte das Herz vor Angst. Eva lächelte. Der Beamte flackerte nervös mit den Augen. »Pardon, pardon, Signora – aber – aber in Ihrem Paß ich nichts lesen von Kind. Wo – wo hatten Sie Kind bei Einreise?«

»Dumme Frage. Da war es noch nicht da!«

Der Beamte blickte hilflos umher. Doch stieß er überall nur auf bestätigendes Kopfnicken. »Ja, da war es noch nicht da«, sekundierte die Baronin ernsthaft, und die gemischte Pfarrjugend stimmte einen Sprechchor an, daß dem Wächter der Zollvorschriften Hören und Sehen verging: »Hurra, hurra, hurra! Da war es noch nicht da!«

»Dann ---«, der arme Mann errötete, »darf ich gratulieren, Signora, und entschuldigen Sie bitte!«

Als er mit einem tiefen Bückling verschwunden war, stürzte Birnmoser auf Eva zu und schüttelte ihr kräftig die Hand: »Eva, das hast du großartig gemacht!«

Die Heldin lächelte nur.

»Aber um meinetwillen hätten Sie die Wahrheit nicht zu verschweigen brauchen«, sagte Annaberta.

»Es war die Wahrheit. Es ist mein Kind, oder vielmehr: es wird meines sein, wenn es ein paar Jahre älter ist und Adam und Eva Birnmoser ihm einen

Spielgefährten besorgt haben. Dann fahren wir an Ihrem Waisenhaus vor und holen des Katzenfängers Töchterlein ab!«

Adam und Eva Birnmoser –

»Donnerwetter, geht das aber schnell!« entfuhr es dem Mesner.

»Ferdinand, dazu haben wir zehn Jahre benötigt!« seufzte die Baronin.

»Und da heißt's immer, wir Bayern wären langsam von Begriff«, fiel der Simmerl ein.

»Es liegt halt doch ein besonderer Segen auf der Pilgerfahrt«, meinte der Monsignore.

Nur Sulamith teilte die allgemeine Freude nicht, sie spitzte ihren Mund und zitierte Schiller: »Drum prüfe, wer sich ewig bindet, ob sich das Herz zum Herzen findet, der Wahn ist kurz, die Reu ist lang!«

So, und damit wäre die letzte Überraschung auf der Reise auch schon berichtet. Je weiter es nach Norden ging, desto lauter krähte Annaberta junior. Am späten Nachmittag fuhr der Zug in den Münchener Hauptbahnhof ein. Kurz zuvor hatte die Geistlichkeit – diesmal einmütig – durchs Mikrophon noch einmal das Tedeum angestimmt und alles hatte begeistert gesungen: »Großer Gott, wir loben dich!« Dann ging es ans Händeschütteln und ans Versprechen, sich bald zu schreiben und auch die nächste Wallfahrt, vielleicht nach Lourdes oder Fatima oder am besten wieder nach Rom, gemeinsam zu machen. Kaplan Schlüter lud die Birnmosers zur Hochzeitsreise an den Rhein, der Simmerl die »imperfekte« Pfarrjugend zum Hopfenzupfen nach der Hallertau ein. Die Baronin ernannte Monsignore Schwiefele zum Seelenführer, Emerenz Obermair versprach dem Baron, ihre Gedichtsammlung »Ritarosen« bald zu schicken.

Als Schwester Annaberta die imposante Gestalt der ehrwürdigen Mutter Potenzia in der wartenden Menge am Bahnsteig erblickte, verspürte sie ein seelisches Seitenstechen und fragte sich bald, wie sie wohl den neuen Hausbewohner aufnehmen würde. Doch als sie hinter sich die Schulrätin sagen hörte: »Die arme Schwester! Was hat sie denn von der Reise gehabt? Nur Scherereien mit dem Säugling!« da fühlte sie sich königlich belohnt, beugte sich tief über das Körbchen und verriet flüsternd der kleinen Annaberta ihr großes Geheimnis: »Siehst du, die Kinder der Welt sind halt doch nicht immer klüger als die Kinder des Lichts!« Und du hättest ihr nicht einreden können, des Katzenfängers Töchterlein sei noch zu jung, diese Worte zu begreifen.

Bibliografische Information der Deutschen Bibliothek
Die Deutsche Bibliothek verzeichnet diese Publikation in der Deutschen Nationalbibliografie; detaillierte bibliografische Daten sind im Internet über <http://dnb.ddb.de> abrufbar.

Sonderausgabe 2007
247.-258. Tausend

Gesamtherstellung: Druckerei Friedrich Pustet, Regensburg
ISBN 978-3-429-02928-9